新时期农村土地问题的分析与研究

陈尧 著

XINSHIQI NONGCUN TUDI
WENTI DE FENXI YU YANJIU

辽海出版社

图书在版编目（CIP）数据

新时期农村土地问题的分析与研究 / 陈尧著. -- 沈
阳：辽海出版社, 2017.12
　ISBN 978-7-5451-4635-6

　Ⅰ．①新… Ⅱ．①陈… Ⅲ. ①农村－土地问题－研究
－中国　Ⅳ．①F321.1

中国版本图书馆 CIP 数据核字(2017)第 330907 号

责任编辑：丁　凡　高东妮
封面设计：金李梅
责任印制：王　祥
责任校对：贾　霞

北方联合出版传媒（集团）股份有限公司
辽海出版社出版发行
（辽宁省沈阳市和平区 11 纬路 25 号　　邮政编码：110003）
廊坊市海涛印刷有限公司　　全国新华书店经销
开本：710mm×1000mm　　1/16　　印张：8.5　　字数：120 千字
2019 年 1 月第 1 版　　2023 年 8 月第 2 次印刷
定价：38.00 元

前　言

　　土地是农业生产最基本的生产资料，也是农民赖以生存的"命根子"，因此土地问题一直是中国农村的核心问题。伴随着城市化进程的不断加快，农村土地问题也是越来越显现出来，在中国快速发展的今天，有效地解决好农村土地问题至关重要，对我国经济以及社会的持续向前发展具有非常重要的推动作用。

　　本书旨在通过对我国新时期的农村土地问题进行分析和研究，为解决农村土地问题，推动我国社会经济发展提供保障。本书首先从农村土地的多个方面进行详细的论述和分析，主要内容有农村土地制度问题（包括其历史演变、现状以及制度改革方向）、农村土地确权问题（包括其理论概述、历史沿革、存在问题以及确权改革）、农村土地流转问题（包括其理论概述、流转机制、流转模式、流转现状以及改革措施）、农村土地信托制度问题（包括其理论、制度缺陷以及信托法律制度）以及农村土地三权分置问题（包括其理论概述、制度建设、存在问题以及实现的保障措施）等；其次，本书对四川省内江市的具体农村土地存在问题进行阐述和分析，主要包括内江农村土地利用现状、"非农化"问题以及土地承包经营权等方面内容。

　　本书由四川省内江市资中县委党校地理高级讲师陈尧所著，在本书的著作过程中，笔者查阅了大量的相关文献资料，在此对相关文献资料的作者给予由衷感谢。另外，由于笔者的时间和精力有限，书中难免会存在不妥之处，敬请广大读者和各位同行给予批评指正。

目 录

第一章 农村土地制度

第一节 农村土地制度发展演变

一、农村土地概念

（一）土地定义

研究对象和研究目不同，对土地的界定也不同。自然地理学上的土地概念为：土地是地球表层在土壤、岩石、地貌、气候、水文、植被等自然要素相互作用，以及人类生产活动的影响之下，形成的综合性自然资源。经济学上的土地概念，马克思认为："经济学上所说的土地是指未经人的协助而自然存在的一切劳动对象。"马歇尔则认为："土地是指大自然为了帮助人类，在陆地、海上、空气、光和热各方面所赠予的物质和力量。"经济学家给出的土地概念相对比较宽泛，几乎将一切种类的自然资源都涵盖在其中。经济学家所说的"土地"指的是自然的各种力量，或自然资源。它的意义不仅是指土地的表面，还包含地面上下的东西。

从马克思劳动价值论的角度来考察土地，在现代社会只有极少部分的土地以其纯粹自然的形态存在着，没有丝毫的人类劳动掺杂在其中，而绝大部分的土地都受到了人类劳动的影响，由两部分构成，马克思称为"土地物质"和"土地资本"。我国土地经济学家周诚将这两部分称为"自然土地"和"人工土地"，并将二者"相结合而成的自然—经济综合体"称为"经济土地"。自然土地经过土地整理或者土壤改良等就会成为经济土地，因为在不具有劳动价值的自然土地部分之上增加了具有劳动价值的人工土地部分。经济土地的基础是自然土地，在此基础上的附加则是人工土地。经济土地是由相互作用的各种自然地理要素构成的综合体，并受人类活动的影响，既有自然属性，又有社会经济属性。

从古至今，土地一直是重要的生产要素之一，是典型的具有稀缺性和选择性的经济资源，是人类赖以生存和发展的物质基础。马克思在《〈政治经济学批判〉导言》中这样表述土地：土地是一切生产和一切存在的源泉。土地对人类生产和生活的重要意义毋庸置疑，而土地又有着位置固定、数量有限、质量差异、使用永久、用途多样、供给稀缺等特性，因此，对于土地如何节约利用、合理利用就成了人类永恒的话题。

（二）农村集体土地定义

1. 农村土地

在我国，农村土地一般指的是农民集体所有和国家所有而依法由农民集体使用的土地。就所有权形态而言，可分为农民集体所有的土地和国家所有但由农民集体使用的土地；就用途而言，可分为农业用地、农村建设用地和未利用地（未利用地是指农用地和建设用地以外的土地）。

2. 农村集体土地

《中华人民共和国土地管理法》（以下简称《土地管理法》）第8条对集体所有的土地进行了明确的界定："农村和城市郊区的土地，除由法律规定属于国家所有的以外，其他的属于集体所有；宅基地和自留地、自留山，也属于集体所有。"而集体所有的土地按照用途的不同又可分为农业用地、农村建设用地和未利用地。

3. 农业用地与建设用地

根据《土地管理法》的相关规定，农业用地即农用地，指直接用于农业生产的土地，包括耕地、林地、草地、农田、水利用地、养殖水面等其他依法用于农业的土地。由国家实行土地用途管制，严格限制改变农用地的土地用途。农村建设用地指用于建造建筑物、构筑物等非农业用途的土地。农村建设用地可分为三种类型：宅基地；乡镇企业建设用地；乡（镇）村公共设施、公益事业用地。宅基地指农民用于建造住宅的土地，具体包括住房用地、辅助用房（如厨房、厕所、畜禽舍等）、沼气池和小庭院用地以及房前屋后少量绿地等；乡镇企业建设用地指乡镇企业为开展生产经营活动而占用的土地；乡（镇）村公共设施、公益事业用地指为修建公路、桥梁等乡村基础设施或举办公益事业而占用的土地。

二、农村土地制度演变

新中国成立后，农村土地制度在全国范围内经历了三次较大规模的调整，每一次土地制度的改革都对经济社会产生了巨大的影响。

（一）土地改革阶段

1949年新中国成立之后，立即在全国范围内开展了声势浩大的土地改革运动。通过没收地主富农的土地，把土地无偿地分配给无地农民，从而把封建土地所有制改变为农民土地所有制。1950年6月颁布的《中华人民共和国土地改革法》明确指出：土地改革的目的是"废除地主阶级封建剥削的土地所有制，实行农民的土地所有制，借以解放农村生产力，发展农业生产，为新中国的工业化开辟道路。"这部法律还对农民享有的土地权利做了规定："由人民政府发给土地所有证，并承认一切土地所有者自由经营、买卖及出租其土地的权利。"根据这一法律，到1950年年底，除西藏、新疆等地区外，全国广大地区的土地改革基本完成。土地改革以激进的方式实现了农村土地私有化，赋予农民个人较为完整的土地产权。土地改革激发了广大农民前所未有的生产积极性，新中国农村呈现出一片盎然生机，农业生产迅速恢复和发展起来。

（二）土地集体所有制阶段

1953年，开始在全国范围内开展了农业合作化运动，将农民个人所有的土地转变为集体所有。农业合作化运动，主要是经过以下几个步骤来实现的：

1．成立互助组，加入互助组的农民仅在劳动上进行互助，土地仍然归农民私有。

2．在互助的基础上成立初级农业合作社，农民以土地入股，统一经营，按股分红。土地仍归农民私有，但其使用权归合作社，土地所有权与使用权发生了分离。

3．成立高级农业合作社，在初级社的基础上，将农民私有的土地无偿地转为合作社集体所有，取消土地分红，统一土地经营，实行按劳分配。

由农民个人土地所有制，到农业合作化，土地制度的变迁反映了这一时期我国土地制度建设不断探索的明显特征。然而由于土地产权本身具有的激励机制遭到破坏，导致土地产权制度效率低下。因此，对农村土地产权制度进行改革完善，是农村土地制度建设的必然归宿。

（三）家庭联产承包责任制阶段

十一届三中全会开启了农村工作的新纪元，在坚持农村土地集体所有这个大原则不变的条件下，开始进行对土地使用制度的改革。改革后的农村土地使用制度就是家庭联产承包责任制，在不改变农村土地集体所有的前提下，按农民家庭成员人数把土地承包给各户，农民在取得承包经营权的同时，还须承担农业税及缴纳公积金等各项义务。1993年第一轮土地承包期到期，中央做出了继续延长30年的决定，此后开始了农村土地的第二轮承包期。

近年来，随着城市化进程快速发展和农村劳动力转移，土地承包经营权流转日渐瞩目。国家出台了一系列文件，对农村土地承包经营权流转进行规范指导。1993年国务院发布的《关于当前农业和农村经济发展的若干政策措施》指出："在坚持土地集体所有和不改变土地用途的前提下，经承包方同意，允许土地使用权依法有偿流转。"2003年3月实施的《中华人民共和国土地承包法》则详细地说明了土地承包经营权流转采用的转包、转让、互换、入股、出租等方式。

2008年12月，中共十七届三中全会通过的《中共中央关于推进农村改革发展若干重大问题的决定》再次强调："加强土地承包经营权流转管理和服务，建立健全土地承包经营权流转市场，按照依法自愿有偿原则，允许农民以转包、出租、互换、转让、股份合作等形式流转土地承包经营权，发展多种形式的适度规模经营。"

农村家庭联产承包责任制实行初期，极大地释放了农村生产力，促进了农业生产的迅猛发展，解决了农民的温饱问题。但随着生产条件的变化，农村家庭联产承包责任制的优越性逐渐发挥殆尽。土地小块分散经营模式，已经无力承担起农民富裕的重任，并且限制了农业生产力的持续提高。改革完善现行农村土地使用制度，是农村生产关系适应生产力发展的客观要求。

第二节 农村土地制度现状

一、农村土地产权制度现状

完整意义的土地产权包括土地的所有权、使用权、收益权和转让权。如果农民对其拥有的耕地具有完整的产权，农业生产就会有较高的经济效益。但当土地产权受到某种程度的限制和弱化时，农业生产的绩效会大大降低。与此同时，还会引发农业人口转移困难，农村社会保障负担沉重以及农村社会现代化进程缓慢等一系列社会问题。具体问题概括如下：

（一）农村土地所有权模糊

我国《宪法》《农村土地承包法》等法律规定，农村土地实行集体所有制。但现行法律并未对"集体"做出明确界定，再加上我国是由国家所有制和集体所有制构成的现行社会主义公有制，从而导致了农村土地所有权的模糊不清。所有权是形成经济活动中产权的前提，而产权又是市场经济的基础设施。产权不明晰造成相关利益主体的经济权益难以明确区分、界定，进而导致生产和经营活动中的低效或无效。

（二）对农地使用权的限制

改革开放以来，在坚持农村土地集体所有制的基础上，我国农民享有对土地的承包经营权。2002 年我国颁布了《中华人民共和国农村土地承包法》，从法律意义上赋予农民更长期稳定（30 年不变）的土地承包经营权，并且增加了农民对土地的产权内容。以上相关法律的制定，的确在很大程度上维护了农民的权益，但由于国家对农地征用的绝对权利和对一些农产品的管制，又使农民的土地使用权受到直接或间接的影响。

（三）对农地收益权的限制

1. 国家对部分农产品进行最高价限制，这种限制不仅会对农地使用权具有一定的影响，同时也限制了农民对农地的收益权。由于遇到最高价格管制，农民会选择替代作物进行耕种，但替代作物一般边际收入都要低于价格管制作物不受管制情况下的边际收入，从而造成农民福利降低，影响农地收益。

2. 当某种作物的种植面积被硬性规定时，会导致农民放弃追求土地这一生产要素的边际生产率，而去追求土地以外的其他生产要素的边际生产率，从而造成土地的租金发生部分散失，影响农民收益。

3. 由于对某种作物种植面积的规定，土地要素无法继续变动而形成短期生产因素，造成边际收益率递减，影响农民收益。

4. 由于农地市场不成熟，农民在外出打工或转产经营其他项目时，无法实现其土地承租权转让应获得的最高回报，因而造成农民部分收益权受限。

（四）对农地转让权的限制

转让权是形成市场机制的基础。转让活动之所以能够发生，而且在转让的过程中能够增加社会福利的原因，在于买卖双方对同一物品价值评价不一致。物品会从评价较低一方转让到评价较高一方，即从效率较低一方转让到效率较高一方。对农地转让权的限制不仅会对农地市场的形成产生一定的障碍，同时土地作为最基本的生产要素无法实现其最高价值，农民通过土地这一要素获得收益的机制也会受到限制，农民的机会空间被缩小，并且阻碍了社会福利的净增长。

二、农民土地权益现状

学界普遍认为，农民土地财产权益的流失集中表现在无偿圈地、非法征地、低价征地、肆意违反承包合同等方面。农民土地权益的流失可分为两类：第一类是农地流转中的权益缺失，如农地流转价格较低，农地流转权益失衡，导致农民利益得不到保护；第二类是农地非农化中的权益缺失，在农地非农化中农民很少享受到土地增值收益。第一类土地权益流失的主要原因有：土地流转操作不规范，一些基层干部以行政手段强行推动土地流转，严重损害农民的土地承包权和利益；集体与土地流转的农户没有签订规范的合同或协议；在流转过程中，一些地方集体经济组织没有按照规定公开招标发包。经济学方法测算土地征用中农民土地权益的损失，认为农民的实际收益应该比目前高出40%以上，土地级差收益从农民流向了社会其他集团和各级政府手里。

农民在失地过程中，不仅丧失了大量土地财产权益，而且不少附着在土地上的其他权益也受到了损害。有研究者认为，失地农民既丧失了拥有土地所带来的社会保障权利，如生活保障、就业保障、土地继承权、资产增值功效、直接收益功效等，同时又无法享受与城市居民同等的社会保障权利，使得失地农民成为既有别于一般农民，又不同于城市居民的弱势群体，失地农民面临着极大的社会风险。失地农民既失去了一项重要的财产和财产权利，又失去了与土地相关的一系列权益，如政府对农民的技术、农资等方面的支持。农民土地权益损失具体体现在生产经营自主权受干涉和流转的知情权、参与权、监督权缺失，经济收益权受损以及就业、教育、医疗、养老等社会权益残缺等方面。

三、保障农民土地权益措施

（一）改进农村土地产权制度

关于农村土地所有权制度，自20世纪80～90年代就引起激烈争论，直至目前，学者们仍然交锋不断。从整体上看，关于现行农地所有权制度的主张大致可分为两大类：一类认为，现行农地制度的缺陷是由农地集体所有制造成的，主张革新农地集体所有制；另一类则认为，现行农地制度的缺陷不是农地集体所有制的必然产物，而是由它的不成熟造成的，主张完善农地集体所有制。

1. 革新现行农地产权制度

主张改革现行农地集体所有制的声音很多，主要有下列观点：

（1）农地私有化。这种观点认定现行农地制度已经失效，并提出以下理由：现行制度已经不能激励农民对土地进行长期投资，阻碍了农村土地的自由转让，延缓了农业经济的发展，固化了土地和农民，延缓了农民非农化和农村城镇化进程。因此，支持这类观点的学者力主废除现行农地制度，实行土地私有化改革，把目前仍然模糊不清的关于土地的各种"集体产权"清楚地界定到农户头上，允许农民拥有土地的完全产权。农地私有化主要有以下一些益处：农民无限期继承所有权和土地的可自由交易租赁会激发农民对土地长期投资的积极性，推动土地流转，提高土地效益；农地向有经营实力和能力的农户集中，形成具有规模效应的农场经营模式，从而建立起现代农业制度。

（2）农地国有化。这种观点认为现行农地制度在运行中面临三大困境：一是集体土地所有权的虚无性及其衍生问题；二是集体土地被征用为国有土地的不平等性及其衍生问题；三是土地使用年期较短和使用权终止财产归属的不确定性风险。对于农地私有主张，一些学者坚称这是不可取的改革模式，并给出了反驳意见：其一，农地私有化会生发土地产权的历史追溯难题，从而需要支付大量的人口变动和土地归属变动成本；其二，农地私有化会带来农村土地利益格局的剧烈变动，有导致社会动荡的风险。在剖析现行农地集体所有制弊端与批评农地私有化主张的基础上，他们力主改革农村土地集体所有制，建立土地国有、由农民长期使用的新制度。

典型的方案是：国家所有，农民永佃。这些学者认为这种方案有以下优点：实行土地国有化，有利于理顺国家、集体、个人三者之间的关系；给了农民真正的地权，可以制衡低价征用土地、随意调整承包地和租费、以地乱收费等地方政府和乡村组织的不合理行为；农地能以合作社和公司的方式经营；避免土地私有化改革中难以绕开的改革风险和成本。

（3）双重所有制。双重所有制又可分为三类：

第一类主张农地实行国家和集体双重所有。其中国家所有权是最终所有权，而集体所有权则是初始所有权，集体对土地的所有权，是一种不完全的所有权，其性质受到国家所有权的制约。这一制度安排兼有农地国有和集体所有的优点，而事实上农地双重所有制也早已成为一种事实。

第二类主张我国实行农村土地复合所有制，即农村土地归社会（国家）占有基础上的农民（农户）个人所有制，让农民自由地交易其土地产权，同时辅之以必要的农地国家管理。

第三类主张农地归集体和农民双重所有。实行这一制度有利于我国耕地资源整体质量的提高，土地资源的优化配置，有利于资金下乡和农业产业化发展，附加土地所有权不破坏社会主义土地所有制关系等。

（4）股份合作制。建立以农户拥有产权为基础、社区合作的土地股份合作制。

（5）多元化产权制。土地产权的多元化是维护农民土地权益的重要因素。提供农民切合自身需要和条件的土地制度，是土地产权多元化的本义。土地产权多元化意味着农民有权选择任何一种制度形式，包括土地的集体所有制、家庭承包制、租赁合同制、永佃制、股份合作制、私有制等。

2. 完善现行农地产权制度

理论界仍然有相当部分学者主张继续实行农地集体所有制，认为我国农地制度建设最经济的路径是进一步改造土地承包制，坚持和完善家庭经营制度，在现有农村土地集体所有制的框架内进行改革，以期更好地保障农民的土地权益。他们反对根本变革农地制度的主要原因如下：目前对土地所有权进行彻底改革的条件还不成熟，中国农民中的绝大多数没有土地私有化的要求；土地兼并和自由买卖将激化社会矛盾，加剧贫富分化，致使权势阶层侵占土地，大量农民成为无地游民。

农村土地承载了生产与生活保障的双重功能，作为社会保障资料的土地不能进入市场，通过私有化兼并土地，形成规模经营，救活中国农业的逻辑不符合国情，只能造成工商业对农民的剥夺。完善现行农地产权制度主要应遵循以下两条思路：

（1）使抽象的集体所有权人格化。现行农村土地集体所有制的基本内涵是，农民作为集体组织的成员，都平等拥有对集体土地"人人有份"的成员权，因而建议将土地农民集体所有制明确界定为农民按份共有制，用农民集体成员"按份共有"的实现形式，使农村土地所有权主体具体化、人格化。每一个农民都享有按份分割所有权的权利，即有权合法继承、转让、抵押或者赠送等。在这些学者看来，这种方案使得土地产权清晰，长期归属于承包农户，能够化解当前矛盾，又可以减少土地私有化对农村社会的震荡，因此，这种方案较为稳妥。

（2）使农民的土地承包经营权物权化。在辨明对于农村土地承包经营权性质的认识基础上，强调土地承包制合乎理论逻辑和实践要求的改进方向应当是积极推动农村土地承包经营权的物权化进程，进一步强化农村土地承包经营权的物权性，重视使用权的稳定性，突出独立的财产性。

中国农民的土地所有权固然重要，但相对而言，真正有保障的使用权有着更为现实的价值和意义。在当前的社会背景下，不必过多讨论所有权，而应强化农户对土地的使用权，在现行制度框架内深化土地产权制度改革，进一步弱化集体所有权，强化农户承包权，充分发挥其效益，这是一种既有效又稳妥的办法。

（二）优化农地征用架构

1．落实法律制度，优化征地政策

必须完善有关征地立法较为薄弱的管理监督规定，保证落实新《土地管理法》确立的征地制度。政府出台土地征用方面的政策时必须慎重，在土地供应的价格上严格执行国家规定，切实解决征地价格偏低的问题，提高征地成本，保障农民的利益。

2．设置相关机构，调整权利配置

构建土地交易平台，包括建立农村土地产权交易所，健全土地价值评估、产权流转、产权收储、流转担保、纠纷调处机制，完善县、乡（镇）、村三级土地流转服务平台。

3．充分保障被征地农民理应享有的权利

关于被征地农民享有的权利，可以概括为以下几点：

（1）知情权。农户有权了解征地的政策法规、征地原因、拟征土地的位

置和数量、征地后的用途及其给农户带来的效益和损失、补偿金额及其分配办法等;

（2）参与权。农户有全程参与征地协商、谈判、签订协议的权利;

（3）异议权。农户对征地的合法性和合理性、被征地数量和位置、补偿和分配方案等有不同意见时，有向上级反映的权利;

（4）上诉权。当异议得不到合理解决时，农户有权要求通过司法解决;

（5）公平补偿权。包括主体的公平和客体的公平。前者包括土地所有者和土地承租者，后者包括被征土地本身、土地附着物以及与土地有关的无形资产。

4. 严格区分征地项目的性质，制衡非公益性用地

必须严格区分"公共利益"和"经营性"的用地性质，明确公共利益的界定范围，避免"乱征地"现象的出现。公益性用地继续实行现行征地补偿制，经营性用地实行市场购买制。实行征购返还制，即对于公益性用地，由政府按照市场公平原则向农民集体征购土地，再根据供地计划向直接的土地使用者供地;对于非公益用地，则先由政府征购，再由政府按市场价格提供给土地使用者，最后由政府将土地市场价值的大部分返还给农民。

（三）完善征地补偿政策

1. 完善补偿内容

针对当前征地补偿费的内容，主要考虑的是农民因征地所受影响以及对农民失地之后的生活形成保障。因公益征地的征用补偿应包括征用土地费、青苗及附着物费、少数残存土地补偿费、事业损失补偿、安置费和福利费等。除现有补偿内容外，还要增加农民在30年内土地收益权损失、土地潜在收益损失、相邻土地损害、土地增值的价格损失以及各项间接损失等。

2. 丰富补偿形式

针对当前征地补偿的形式，应实行多元化的征地补偿形式和安置方式。土地补偿可采取货币补偿、实物补偿和债券补偿等多种方式。对于一些有稳定收益的公共事业项目，可以采取将被征土地折价入股的方式补偿。还可以

以货币补偿为主，以包括留地补偿和替代地补偿在内的实物补偿、土地债券或股权补偿为辅，给予失地农民以长期的生活保障。

3．调整补偿费分配

土地补偿费、安置补偿费归村集体经济组织，而其他补偿归农民个人，能落实到个人的尽量到个人。在耕地非农化过程中，土地收益的主要成分是给予农民的征地补偿费，应按规定占到土地收益总额的68.6%。

第三节 农村土地制度改革

一、农村土地制度改革背景

土地集体所有、统一经营，缺乏激励机制，早在集体所有制还处在形成和调整时期的1956～1962年，农民就产生了重新以家庭为单位经营土地的想法，并多次付诸行动。到1956年3月，四川省98%的社都建立了包工包产责任制。1957年春天，浙江省永嘉县有200多个社实行"包产到户"，温州专区有1000多个农业社、10万多户农户实行"包产到户"。

1959年，江苏省一些地方把全部农活包到户，个别地方还出现包产到户，甚至提出"土地分到户，耕牛农具回老家"的口号。1962年6月，甘肃省临夏回族自治州在全区范围内推行"大包干到户"，2个月内，全州8288个生产队中，有5943个生产队搞单干。由于种种原因，这些尝试在当时都未能进行下去。

二、农村土地制度改革过程

1978年，将土地承包到户、实行分户经营的现象在某些地区又出现了，这次农民自发的包产到户行为，引发了农村经济体制的大变革。1978年秋，安徽省凤阳县小岗村的村民打破了生产队统一经营、集中劳动的做法，对集体所有土地进行包干到户，拉开了中国农村土地制度改革的序幕。

1978年12月召开的十一届三中全会重新确立了"解放思想、实事求是"

的思想路线，做出了把全党工作的重点转移到社会主义现代化建设上来的战略决策，认为我国农业近 20 年来发展速度不快，而要解决农业发展速度与四个现代化的需要之间的矛盾，就必须加快农业的发展速度，这个战略决策为探索新型的农村土地政策创造了可能。全会审议并通过了《关于加快农业发展若干问题的决定（草案）》和《农村人民公社工作条例（试行草案）》，提出了建立严格的生产责任制，并肯定了包工到组、联产计酬等形式，但仍不允许包产到户，也不允许分田单干。

1979 年 3 月，国家农委召集江苏、湖南、河北、四川、安徽、广东、吉林等 7 个省主管农村工作的负责人举行座谈会，会议形成的 1979 年中央 31 号文件承认了"包户到组，包工到组"，并同意将少数极其穷困的边远山区作为特殊的例外，允许其适当地进行"包产到户"试点，不过这一试点要在不影响社会主义性质的前提下开展。

1979 年 9 月，党的十一届四中全会通过了《中共中央关于加快农业发展若干问题的决定》，进一步将草案中不许包产到户和不许分田单干的规定改为不许分田单干。

1980 年 5 月，邓小平在听取安徽省农村实行包产到户的情况汇报后指出："一些适宜搞包产到户的地方搞了包产到户，效果很好，变化很快。有的同志担心大包干，这样会不会影响集体经济，我看这种担心是不必要的。"这表明了中央领导核心对部分地区进行包产到户实践的肯定与支持。当年 9 月，中共中央召开省、市、自治区党委第一书记座谈会，对加强和完善农业生产责任制问题进行讨论，会议通过了《关于进一步加强和完善农业生产责任制的几个问题》的重要文件（即 1980 年中央 75 号文件），提出了"可以包产到户，也可以包干到组"的政策。这一文件是中央明确表态支持包产到户的第一个正式文件，对包产到户的社会主义性质进行了肯定，进而加速了包产到户在全国的推广实施。

1981 年 10 月 4 日，中央农村工作会议形成的《全国农村工作会议纪要》指出，与目前实行的各种农业生产责任制一样，包产到户、包干到户都是社会主义集体经济的生产责任制。同时，认为家庭联产承包责任制是社会主义农业经济的组成部分，与合作化以前的个体经济是不同的。随着生产力的发展，它将会逐步发展成为更趋完善的集体经济。

1982年1月1日，中共中央以1号文件的形式向全国转发《纪要》，这是中共中央第一次以文件的形式明确指出农村实行的各种责任制，都是社会主义集体经济的生产责任制，要长期不变。到1981年底，家庭联产承包责任制在全国范围内基本建立起来。可以将家庭联产承包责任制（特别是"包干到户"）的建立看作是农村集体经济在体制上的一次重大改革，即把过去的单一的集体经营改革成以家庭经营为基础的双重经营。

三、农村土地改革成果

1983年元旦，第二个"三农"问题的中央1号文件《当前农村政策的若干问题》，从理论上肯定了家庭联产承包责任制，并在全国全面推广农村家庭联产承包责任制。

1983年10月，农村开始实行政社分开、撤社建乡的农村基层管理体制改革。包干到户责任制全面实行，这一制度的基本操作方式是按农户家庭人口及劳动力数量从集体平均获得一份土地，为了体现公平，一般将好地与差地进行搭配，将产量和劳动定额完全落实到农户，由家庭组织农地经营活动，并按实现约定的办法进行分配，即"交够国家的，留够集体的，剩下的都是自己的"。

1983年，实行责任制的生产队有57.6万多个，达到当年实行责任制生产队总数58.6万个的98.3%。1984年1月1日，中共中央发出第三个"三农"问题的1号文件《关于1984年农村工作的通知》，提出要巩固和完善家庭联产承包责任制，决定将承包期从原来的三年延长到十五年。

从1978年安徽凤阳小岗村农民自发进行"包产到户"，到1984年我国正式确立家庭联产承包责任制的农村基本经济制度，农村土地政策发生了一系列的改革，是农村土地制度的重大创新。土地承包责任制打破了农村土地集体所有、统一经营的政社合一制度，使土地所有权与使用权相分离，土地所有权归集体，使用权归农户，实行以农户家庭为单位的分户承包经营。

农户成为独立自主、自负盈亏的经营主体，村集体发展成为村民的自治组织，对农民的生产经营活动不进行干预。大型的水利工程建设、农田基本建设等不适合于家庭作业的，仍由集体进行统一规划和经营。

家庭联产承包责任制改变了农民与土地之间的关系，农民利益直接受土地产出的影响，这极大地调动了农民的生产积极性，促进了农村经济的高速发展。

1978年至1984年，农作物总产值以不变价计算增加了42.23%，其中由家庭联产承包责任制所带来的增长达19.8%，贡献率为46.89%。1984年，农业总产值达2380亿元，比1952年的396亿元增长了约5倍。

四、农村土地制度改革意义

由农村土地集体所有、统一经营演变为集体所有、家庭承包经营，这一制度变迁的诱致性特征是十分明显的，主要是由传统制度中的潜在收益引致的制度变迁需求所推动的。

由于农村土地集体经营制度具有外部性特征，无法保证农民的投入获得相应回报，在农业生产过程中实施密切监督的费用过高，所以追求产出最大化的农民自然而然会产生改进这一制度的需求。

早在20个世纪的50年代后期至60年代初期，一些地方的农民就进行了包产到户的尝试，但在当时的历史背景下，这一制度变迁的供给面临着农民无法克服的种种障碍。

到了70年代末期至80年代前期、调整国家相关政策时，制度创新的障碍得以清除，包产到户很快在全国蔓延开来，逐步确立了家庭联产承包经营责任制。

这一制度变迁是在不触动土地集体所有制的性质、保证国家、集体利益不受损害的前提下，寻求促进农业发展、增进农民福利的途径，是典型的"帕累托改进",改革阻力较小。在家庭联产承包经营责任制下,由于劳动者享有剩余索取权,因而不需要对劳动进行监督和计量,这是中国农村改革取得成功的根本原因,今后的改革仍然要沿着解除对劳动者激励的不必要约束的逻辑向前发展。

第二章 农村土地确权

第一节 农村土地确权概述

一、土地确权

（一）土地确权概念

从广义上来讲，土地确权是指每一块土地都要经过规定的土地登记顺序，如土地登记申请、权属调查、审核批准、颁发土地证书等，以便于最终确定土地的权属。

而这个确定土地权属的过程实际上就是确认土地的所有权、使用权和其他权利。从狭义上来说，仅指土地登记过程中的权属审核阶段，对于土地权属的来源和性质进行确定。

（二）土地确权目的

通过土地确权，能够使得产权内容得到有效的界定，其中包括国家、集体和个人所在土地上的内容和关系，对登记发证工作的开展奠定了良好的基础，使土地权利主体、客体及其内容得到严格的确认。因不完善的农村土地确权制度，所导致的土地产权界限不明、权责混乱等问题，使农村经济发展受到前所未有的严重制约。因此，如若遇到土地权属争议问题时，可以通过土地确权来判定土地权利的归属，防止纠纷的发生。

（三）土地确权基本原则

确定土地的权属关系可以遵循以下原则：依法确权和参详历史情况等。作为人民政府的职能部门，土地管理部门有着不可推卸的责任，应当肩负起承办确权的具体各项工作。

在土地确权的过程中，所产生的相关意见和建议以及遇到问题，须及时向同级人民政府反应，以合理的方式方法妥善解决好当前问题。各级人民政府也应高度重视土地确权的相关问题，尽快完善和制定土地权属方面的法律法规，使土地确权从严格意义上成为政府的重要责任之一，以保障确权工作顺利地开展。

二、土地确权背景

改革开放以前，我国农村实行土地集体所有制。土地集体所有制弊端日益凸显，管理权力过分集中于中央，而且在分配过程中平均主义过当，极大挫伤了农民生产的积极性，严重阻碍了我国农业发展进程。1978 年，安徽省小岗村率先实行大包干，分田到户，创新的经营单位和制度给此时的中国政府和广大农民指出了一条新的道路。

改革开放以来，中国共产党对农村土地制度的变革也在不断创新。随着家庭联产承包责任制试点的快速推广，我国农村土地制度也在逐渐转型，农业生产力得到极大释放，体现出了巨大的制度效应。

从农村家庭联产承包责任制实施的历史过程来看，大致可以划分为两个阶段：1978～1993 年为第一轮土地承包期；1993 年至今是第二轮土地承包期。2008 年，《关于推进农村改革发展若干重大问题的决定》文件的颁布，标志着我国农村土地改革工作拉开序幕。决定中提出，要稳定农村现有土地承包关系的"长久不变"，明确允许多种形式的土地承包经营权在适度宽松的范围内进行合理流转，促进农民及农业企业适度扩大规模经营发展。

自 2011 年开始，国家财政投入专项资金，每年向农村土地承包经营权确权试点工作提供资金支持，推进农村土地确权工作的顺利开展，且资金投入力度呈现逐年上升趋势。同时，国家也出台相关法规、政策来推动确权工作的顺利有序进行。

在 2013 年底的中央农村工作会议中，习总书记明确提出，要让农民对自己的土地更有信心和决心，必须要实现农村土地承包经营权登记制度化，从而保障农村土地关系的稳定性。农业部部长韩长赋，也指出要在 2014 年逐步扩大农村土地承包经营权确权登记颁证试点范围，在现有整省试点工作推进的基础上，争取在 2015 年全面展开，定下力争 5 年内基本完成该项目的预期目标。

2014 年底,在中央颁发的《关于引导农村土地经营权有序流转发展农业适度规模经营的意见》(中办发 61 号文件)中,也多次提到农村土地经营权确权登记颁证问题,可见其意义重大。通过农村土地确权,进一步规范农村土地经营权流转,稳定农村土地承包关系,促进农业适度规模经营发展。

三、土地确权的前提

(一)国家政策与法规支持

农村土地确权,作为一项惠及亿万农民、关乎国计民生的重大工程,自 2008 开始,每年中央的一号文件对农村土地确权工作都有明确指示。农业部也会同国土部、财政部等多部门联合下发各项文件,包括承包期间及经营权流转过程纠纷调解的仲裁法,物权法、土地管理法等相关法律对农村确权工作的顺利开展提供强有力的法律保障。

(二)财政部门资金支持

农村土地确权是一项比较烦琐的系统工程,土地确权项目内容多、涉及面广。从 1:2000 比例尺航空摄影像的获取到调查底图的制作,从各项表格的打印、填写到文字信息的电子化录入,从相关资料整理到电子化扫描,其中的每一个环节都需要投入大量的人力、物力,才能确保确权工作顺利完成,因而需要大量的资金支持。

根据二轮延包的统计结果,我国现有农村土地面积约为 18 亿亩,按照每亩 35 元来计算,全国所需资金 600 多亿元。考虑到二轮延包时各种技术手段相对落后,全国实际土地面积可能超过 20 亿亩,最终实际所需资金也将远超 600 亿。如此大的资金需求,需要国家财政、地方财政密切配合,大力投入,才能将这项巨大的工程顺利完成。

(三)各级政府密切配合

各项国家政策的落实,都离不开各层级人民政府工作人员的积极配合。确权工作是以县为单位开展的,省级人民政府负责领导,市、县级经管部门负责细则部分的组织实施，各乡镇人民政府工作人员及村委会则负责走访到户，积极宣传，动员相关的农民，为后续工作提供良好的群众基础。

（四）测绘公司技术支持

农村土地承包经营权确权，是通过航空摄影测量获取正射影像和数字高程模型，结合使用计算机技术，实现对田块面积的自动测算。因此，专业的测绘团队是确保土地确权工作顺利开展的重要条件。

此外，农村土地确权工作，需要大批专业测绘人员实地入户走访，根据农民对自己田块界限的指认，在调查地图上进行勾绘。考虑到各级人民政府工作人员受相关专业技术的限制，因此，测绘公司将在此项工作中扮演十分重要的角色。

（五）农户积极配合

开展确权工作的根本目的就是保障农民土地和生活的根本利益，但在此过程中，难免会遇到各种各样的问题。老百姓对此项工作性质的不理解、百姓邻里之间的矛盾，无不制约着工作开展的进度。要推进农村土地确权工作顺利开展，离不开广大人民群众的理解与配合，做好群众的配合工作也是重中之重。

四、土地确权的意义

（一）深化农村集体经济产权制度改革

农业作为国民经济重要的基础产业，在我国社会主义公有体制中，农村集体经济占有比重较高。积极推进农村集体产权制度改革，创新农村集体经济实现形式，必须积极开展和落实好农村土地确权登记颁证工作。

这就要求以县为单位，建立清晰的土地承包经营权登记制度，坚持"权责明确、归属清晰、流转顺畅、保护严格"的原则，真正把农户对承包土地的经营使用权、收益权等切实利益落到实处，给农户"安全感"，为国家统计部门提供更加科学可靠的数据，为中央关于农村土地产权制度改革政策的制定提供必要依据。

（二）协调农村土地承包经营权关系纠纷

分田到户、家庭经营、统分结合，是中国农村的基本经营制度，国家也以此为基础来制定其他各项农村政策。党的十八届三中全会强调了农业现代化的具体目标：在不断探索新的农业经营模式的过程中，继续发挥家庭经营的灵活性，并鼓励集体、合作、企业等不同类型的经营主体，在集体所有权下稳定流转过程中农户间的土地关系，避免出现土地承包经营权关系纠纷。

中央曾明确提出，二轮农村土地承包到期后，要继续稳定维持现有土地承包关系保持不变。这是中央关于农村生产关系的重大制度安排。但受现实客观条件及历史遗留问题的影响，全国范围内承包土地不同程度地存在着四至不清、地块面积模糊等问题。目前，由于农村承包土地内外部环境条件的变化，进一步加深了前期留下的各种矛盾。这些矛盾和问题牵涉的主体较多，所以必须尽早解决。

积极扎实地开展农地确权工作，实现农村土地承包经营权登记制度化，使农村土地承包经营权通过法律凭证的形式得以确认，对进一步稳定农村土地承包关系，协调解决农村土地承包经营权关系纠纷，推进农村土地依法、有序流转都具有深远的现实意义。

（三）推动农业适度规模经营

积极发展适度规模经营，促进农村土地依法、有序流转，是实现我国农业现代化的必由之路。由于我国农业生产受个体经营规模小、分散经营等特点的制约，导致我国农村土地不能进行集约化、规模化生产经营，土地不能得到整体集中利用，这在很大程度上阻碍了我国农业生产效率的提高，制约着农户对新技术运用及生产要素投入的积极性。

实现农业生产从小规模、分散经营向适度规模经营转变，必须积极开展农村土地确权登记颁证工作，将农民承包土地权利的归属问题进行明晰和确认。这要求在坚持家庭经营及农村土地集体所有权不变的前提下，积极发挥市场对资源配置的决定性作用，放活农村土地经营权，促进农村各生产要素之间的合理配置。

（四）维护农民土地权益

土地作为农民最大的资产，是农民生存的根本，具有显著的保障功能。我国物权法保障权利主体对其合法拥有的财产享有占有等权利，农村土地承包经营权则是农民的财产性物权。

近年来，随着农村强迫农民流转土地、征地过程中侵害农民土地权益的案件的发生增多，群众的呼声也越来越高。从根本上看，其重要原因是由于对农村土地确权不到位、保护不严格造成的。

全面推进农村土地确权工作，进一步明晰承包土地归属权，不仅可以化解矛盾、解决纠纷，而且通过承包合同、承包经营权证的发放，依法将农民承包经营土地上的各项权利明确下来。能够真正切实维护农民合法的土地权益，唤起农民对土地承包经营权的物权保障意识。

第二节 农村土地确权历史沿革

一、改革开放之前的农村土地确权工作

改革开放之前的土地确权工作的内容和性质，与我们现在做的土地确权完全不同。新中国成立之初，农村土地绝大部分是以私有制的形式出现的，《中华人民共和国土地改革法》于 1950 年正式出台，明确宣布农村土地实行农民土地所有制，这是完全私有性质的产权制度。1949 年 11 月，中央人民政府在内务部中正式设立了地政司，该司的主要职责，就是主管农村土地改革和土地登记、土地证的发放等工作。

新民主主义革命完成后，农村的社会结构发生了极大的变化，土地产权制度，也由小农私有，通过生产互助、初级社、高级社等逐步完成了由私有制度向集体公有制度的转变，土地等生产资料也重新登记造册。

在那个时期，部分地区由县人民政府为农民所有的耕地、宅基地等颁发土地房屋所有权证书，这个时期政府主要是通过确权，保护农民对土地及其地上房屋的权益。

二、改革开放之后的农村土地确权工作

改革开放后，由政府开展推动的土地确权工作共进行了四次土地登记，目前正在进行的是第四次土地确权。

（一）改革开放后的第一次土地登记

改革开放后的第一次土地登记发证工作，始于 1986 年，当时刚组建成立了国家土地管理总局，这是新中国成立后全国范围内第一次建立起全面统一的对土地资源进行管理的机构，也标识着初步改变了土地多头分散无序管理的状态。当年，中共中央、国务院发布了《关于加强土地管理、制止乱占耕地的通知》，在这个通知中，明确提出："在全面清查非法占地的基础上，各地要对所有非农用地进行登记和发证，建立健全地籍管理制度。"

随后，1989 年，原国家土地管理局制定、颁布了《土地登记规则》，开始土地总登记（包括农村集体土地）工作，按规定的登记发证程序和要求，由土地登记申请者申请，县级以上人民政府土地管理部门根据地籍调查结果审核、公告，市、县人民政府颁发土地证书。遗憾的是，由于多方面的原因，第一次土地登记的政策执行不彻底，基本上没有完成既定的工作任务。

（二）改革开放后的第二次土地登记

第二次土地登记的热潮始于 1993 年，随着社会主义市场经济体制的建立，全国各地开始逐步推行国有土地有偿使用制度，在加强对土地市场的宏观调控的背景下，国务院批转原国家经济体制改革委员会《关于一九九三年经济体制改革要点》，在这个改革要点中，再次明确提出了要"完善土地登记制度"。农村和城镇的土地资产登记都受到政府关注，国家将在农村收取的农村宅基地有偿使用费、超占费以及土地登记费这三类费用取消。

1995 年，原国家土地管理局对《土地登记规则》进行了补充和修改，于1996 年实行，农村宅基地登记颁证工作展开。同时，土地登记代理制度也进行了试点工作。

1998 年，第九届全国人民代表大会常务委员会第四次会议修订颁布《土

地管理法》，完善了土地登记制度，并在第十四条规定"土地承包经营期限为 30 年"。

国土资源部于 2000 年提出建立健全土地登记可查询制度，并开展土地登记公开查询试点工作。2001 年又发出《关于依法加快集体土地所有权登记发证工作的通知》，提出力争用 3 年时间，基本完成集体土地所有权登记发证工作。

2002 年 8 月，《农村土地承包法》在第九届全国人民代表大会常务委员会会议中审议通过，明确要求"村集体向农民发放正式的权利文件，土地承包合同及经营权证书"。

国务院于 2004 年公布了《国务院关于深化改革严格土地管理的决定》，要求市、县国土资源管理部门要加快农村宅基地登记发证工作，到这一年 10 月 31 日，全国宅基地初始登记发证率达到 71.0%。

2007 年，《物权法》通过后，国土资源部于 2008 年颁布施行了《土地登记办法》，增加了登记类别，明确了土地权利证书是土地权利人享有土地权利的证明，改变了登记程序，规范明确了登记效力。这次土地确权登记制度取得重大进步，发证率也较高，但在保护农民土地权益方面还有提升空间。

（三）改革开放后的第三次土地登记

改革开放后的第三次土地登记是 2008 年，在党的十七届三中全会后出台了《关于推进农村改革发展若干重大问题的决定》，这个决定为农村土地改革指明了方向，同时提出了相对应的方针："产权明晰、用途管制、节约集约、严格管理"，要求各级相关部门尽力搞好农村土地确权登记工作。

2010 年，为明晰农村集体土地产权主体，《中共中央关于加大统筹城乡发展力度，进一步夯实农业农村发展基础的若干意见》中提出要"加快农村集体土地所有权、宅基地使用权和集体建设用地使用权等确权登记颁证工作，所需工作经费纳入财政预算"，并明确指出"力争用三年时间把农村集体土地所有权证确认到每个具有所有权的农民集体经济组织"。

2011 年，国土资源部、财政部、农业部联合下发了《关于加快推进农村集体土地确权登记发证工作的通知》，通知进一步规范了农村集体土地确权登记颁证工作流程，为加快推进这一工作提出具体有效的措施。

同年 11 月，又联合了中央农村工作领导小组办公室下发了《关于农村集体土地确权登记发证的若干意见》，对发证范围、法律依据、所有权主体代表、规范确认宅基地使用权主体、严格禁止通过土地登记将违法违规用地合法化等，提出了有针对性的政策措施，提高了土地确权的规范性和可操作性，也为保障农民土地合法权益给予了更多的政策支持。

2012 年、2013 年中央 1 号文件都对土地确权工作提出了要求。国土资源部也陆续发文予以落实。

2013 年，国土资源部颁发《关于进一步加快农村地籍调查推进集体土地确权登记发证工作的通知》，提出要加快农村地籍调查，保障集体土地确权登记发证工作顺利进行。

（四）改革开放后的第四次土地登记

目前，正在进行的农村土地确权工作是改革开放以来的第四次，本次农村土地确权是为适应土地流转、土地股份制以及征地趋势、退耕还林还草、土地纠纷等新形势，落实党的十八届三中全会对土地管理提出的新要求。

2014 年年底，中共中央、国务院发布了《关于引导农村土地经营权有序流转发展农业适度规模经营的意见》，再次强调"推进土地承包经营权确权登记颁证工作"，"在稳步扩大试点的基础上，用五年左右的时间基本完成土地承包经营权确权的登记颁证工作，妥善解决农户承包地面积不准、四至不清等问题"。

2015 年，国土资源部联合农业部、财政部共同颁布《关于认真做好农村土地承包经营权确权登记颁证工作的意见》（农经发（2015）2 号），进一步明确农村土地承包经营权确权登记颁证工作的总体要求。全国新增 9 个整省试点，并考虑确权登记颁证工作与不动产统一登记的衔接，以及加快确权登记颁证信息应用平台的建设。

第三节 农村土地确权现状

一、土地确权现状

（一）确权工作的进展

党的十七届三中全会、十八届三中全会以及最近几年的中央一号文件，对积极开展农村土地承包经营权确权登记颁证工作都提出了明确的要求。为进一步落实中央具体要求，农业部从 2009 年开始组织开展试点以来，农村土地确权工作开展顺利，取得了积极有效的成果。

2014 年，国家在前期整省试点的基础上，又以安徽省、山东省、四川省三省的 27 个县作为新的试点单位开展整体试点工作，部分地区还积极结合实际情况进一步扩大试点范围。

截至 2014 年底，全国在 1998 个县开展了确权试点工作，共涉及 1.3 万个乡镇、19.5 万个村，3.3 亿亩承包耕地。农村土地承包经营权确权登记颁证工作有条不紊地推进。

2015 年，为全面推进农村土地承包经营权确权登记颁证工作，农业部新增了湖南、江西、江苏、湖北、河南、甘肃、贵州、宁夏、吉林 9 个省份，开展农村确权整省试点工作。要求各级农业部门会同农办、国土、财政、法制、档案等部门，认真贯彻落实六部门的《意见》要求，全面加强组织领导和工作指导，突出重点，抓好试点，确保土地确权登记颁证工作积极稳妥、扎实有序推进。并参考借鉴 2014 年试点省份的做法，由各省委、省政府领导分管牵头主要负责，设置专门部门机构执行监管。

在中国农业部官方网站的土地承包经营权确权登记颁证栏目里，可以看到各级各地试点地区汇报启动大会、培训班、调研、宣传、推进监管、验收等各阶段的工作进展。

2015 年 4 月 27 日，大连市庄河市召开农村土地承包经营权确权登记颁证工作会议，这也是庄河市确权工作全面展开的标志。在 2014 年，庄河市已经在 2 个村做了试点工作，涉及 2980 户农户，承包土地面积 1.943 万亩。今天在此基础上扩大试点规模，在 93 个村对 79496 户做确权，拟完成土地承包经营权确权面积为 77.5 万亩。

2015 年 4 月 1 日～2 日，四川省农业厅组织农业局分管局长、农经站长等共 100 人开展土地承包经营权确权登记颁证工作专题培训班。解读确权工作的重要意义，明确工作目标、适用范围、法律依据以及对政策的准确把握。

2015 年 4 月 15 日，甘肃天祝县农经站应农牧局安排到甘肃确权试点推广典型地区——临夏县学习确权工作流程及操作规程，了解信息数据库和管理系统运作。

2015 年 3 月 26 日，由内蒙古自治区党委及农牧业厅组成的调研组到土右旗对确权试点工作进行调研。调研过程中重点汇报了工作经费问题，听取来自各部门相关领导、村民的意见和建议，提出工作中存在的问题。

2015 年 4 月 1 日，陕西佛坪县在农业局的安排下，由县农经站利用"科技之春"宣传活动，在试点的三个镇开展确权工作政策法规宣传，现场分发 400 余份农村土地承包及流转相关问答知识宣传册并为群众答疑解惑，用几则小故事来引导农民的经营主体意识、对物权的了解以及确权颁证的法律保障意义，提高群众配合的积极性。

2015 年 4 月 24 日，山东蓬莱市农村对前期试点工作做出阶段性总结，得出制约确权工作的三个主要因素：承包地"两田制"、农户认识不足、流转不规范等。并针对上述情况提出相应的建议，在接下来的试点中不断改进。

2015 年 4 月 28 日，陕西镇巴县把确权工作纳入县综合责任目标考核内容中来，印发管理办法，建立考核体系，保证工作的规范顺利进行。

2015 年 4 月 2 日，北京通州区的两个试点村的确权工作已基本完成，共登记农户 322 户，确权面积 1679 亩。

由于全国试点工作的进度不一，各地的数据还未有汇总说明，需要等到年底试点村县的成果层层上报，最终得出全国试点情况。但从以上进度汇报中不难看出，各试点地区的确权工作开展得有声有色，但也存在一些问题，部分政府面对问题能主动出击寻求解决方案，也有部分政府较为被动，因此，在整个工作中由上至下的监管必不可少。

（二）确权工作的成效

1. 农村土地承包经营权确权登记数字正射影像。开展农村土地承包经营权确权登记颁证的数字正射影像由地方财政出资，通过政府采购，由专业测绘公司利用航空摄影手段获取影像，经过加密等技术手段处理，最终获得正射影像。电子版的数字正射影像上有每一个点的坐标信息，技术人员可根据外业调绘情况，在电脑上准确勾绘量算每一地块的准确面积。

2.. 确权登记颁证外调工作底图。外调工作底图为纸质版数字正射影像图，工作人员在开展外业调绘工作时携带，实时将村民对田块的指界结果标绘在底图上，并为每一个田块编写唯一编码。

3. 三张调查表。村土地作为集体土地，其所有权归国家所有，在开展农村土地承包时，村委会作为国家政权的代表，以发包方的身份存在。因此，发包方调查表及为本村村委会详细情况表。

承包方即为承包相应地块的农民，在开展农村土地承包经营权确权登记颁证时，需详细了解承包方信息，填写承包方调查。即调查记录每户田块基本信息的表格，包括田块四至、面积、用途等信息。

4. 调查确认书。承包地块调查、面积量算、公示确认完成后，需农民签署调查确认书。

5. 承包合同书。农村土地承包，需农民与村委会之间签订承包合同，合同一式三份，农民、村委会、县级人民政府各一份。具有同等法律效力。

6. 农村土地承包经营权确权登记颁证综合数据库。农村土地确权工作的展开，离不开计算机技术的支持。在工作开展过程中，需利用软件企业专门研发的数据建库软件，将过程中产生的所有数据录入到系统中，生成以县级为单位的农村土地承包经营权确权登记颁证综合数据库，再将数据上报至地市、省、农业部，最终汇总成全国农村土地承包经营权综合数据库。

二、土地确权存在的问题

（一）相关主体缺乏积极性

1. 地方政府缺乏积极性

受现实条件和二轮延包等历史遗留的影响，当前农村土地承包经营关系中存在许多问题，农户间的关系也存在许多矛盾。解决这些问题是本次确权工作的重点目标，但地方政府对此工作的态度比较消极，比起确权的作用更担心这次确权工作会激化潜在矛盾，扩大负面影响，从而引发农民对政府工作的不满，因此，确权工作在试点推广过程中的进度和质量都受到影响。

2. 相关职能部门缺乏积极性

确权工作一般以县为单位开展落实，而有些地方县农经负责部门认为二轮延包工作刚刚结束，又开展确权工作，对人力、物力、财力的消很大，觉得这是"多此一举"。因此没有以积极的态度去做，而是以完成任务的态度去做，在这样的态度下，试点工作的细节特别是财政预算和招标中的操作都影响到确权的整体效果。

3. 部分农民缺乏积极性

在确权试点地区中，多数农民对此表示"无所谓"，其中有两类有代表性的态度：田多的农民认为自己所经营的土地是自己家的，谁也拿不走，不必劳神费力弄一本证书来证明；田少甚至无田的村民认为重新登记发证就要重新分田，否则就没有必要再确权。他们中多数对农村土地承包经营权益、物权及财产权知识缺乏了解，这样的现象，在一些土地供需较平衡的试点地区尤为明显。因此，在确权过程中，工作人员走访调研、测绘人员明确四至问题时常常遇到农户不积极配合，加大了确权登颁证工作的难度并降低了确权工作的效率。

（二）土地承包经营权权属争议

2008 年，我国对 17 个省市的农村土地使用权状况做了一次调查，结果显示二轮延包时调整过土地的村占比 63.7%，在这些村里有 34.6% 的在此之后又做了一次土地调整。二轮延包中一些乡村干部未能正确完整地理解政策中的意义，对工作规范的标准程度有所松懈，操作过程中掺杂了较多的个人主观判断，从而导致一部分农户有承包地却没有颁发证书，相反也有一部分有证的农户实际是没有承包土地的，还有一本证却实际耕作多块地、一块地登记在多本证书下等一系列证地不符的现象，在确权的过程中可能随时激化矛盾，极易诱发当事人之间的权属争议。

我国相关法律法规并不允许对承包经营的农业用地进行大范围的变更，但实际上存在某些地区以小的自然或者村组为单位，在国家二调后私自对承包关系做调整，导致在后来的确权中发现农业用地现状与二轮延包时登记的情况相差甚远，因此导致了不少权属争议。

（三）项目经费难以保证

农村土地承包经营权确权登记颁证工作量巨大，落实到户，是非常细致的基础性工程。确权登记工作基本上由县一级政府部门完成，从前期的政策文件解读、启动大会召开、相关人员的培训、实地调研、宣传动员活动等到中期项目招标交给专业测绘团队，从调查人员走访入户、田间土地测量、随身携带图纸做鱼鳞图测绘，再到后期的地图制作、地块编码、农户家庭基本信息和承包土地信息录入以及最终土地承包经营权证的制作颁发，无不需要投入大量的人力和物力。

例如，农业部下达的规范中明确要求确权的每一宗土地都通过 GPS 航拍测量定位，以获得精确度较高的数据资料，而采用这样的现代技术必然要求有大量的资金支持，招标时具有此项资质的施工团队也会相应提出较高的工资要求。

该项目的经费应来自上级财政拨款以及地方财政部门经费。但由于地区差异，经济发展不平衡，各地财政状况各不相同。在一些财政较为困难的地区，常出现经费延后拨付的情况，直接影响了确权工作如期保质完成。

（四）法律政策存在缺陷

在我国农村产权制度改革过程中，作为工作顺利开展的法律和制度保障，农村土地确权方面的法律、法规相继出台。但是，这些条文常常是总的规范，地方政府的规章制度中的细则部分常出现内容之间缺乏统一性，实操性不强等问题，因此在确权过程中由于对规则的解读不清直接影响了确权工作的进程，涉及土地承包流转中约定的年限问题的解释、土地承包经营权权属的共有人问题的判定等方面。

第四节 农村土地确权改革

一、加强土地确权，明晰农村土地产权关系

（一）加快实现三权分立

农村土地三权主要指所有权、承包权和经营权。当前工作重点是国土部门先行确定农村土地所有权性质，然后由农经局依据 1998 年二轮土地延包政策指导各镇区确定土地承包权，最后依托农村产权交易平台放活土地经营权。

（二）做好先行确权试点

目前，由于电子地籍图、数据上传联网、相关软件、确权资金等方面还存在不完善、不配套问题，还不具备全面铺开土地确权的相关条件。因此，可采取先行试点的办法，重点围绕城市周边镇区，围绕适宜进行土地增减挂钩的镇区，先行进行确权，加速推进农村城市化、城镇化和新型农村社区化发展步伐；围绕农业招商确权，实现权限项目走。按照先易后难的原则，实现在较短时间内全面完成农村土地确权工作。

（三）明确确权方式

原有的确权方式存在四至困扰、工作量大、历史情况复杂等问题。因此，通过积极探索，提出了便于规范经营和流转的办法，采取确权不确定的方法，只确定总权，不确定具体地块，这样可以简化工作流程、减少工作资金、减轻工作压力。目前，这个办法已经被农业部采纳，并写入 2014 年中央一号文件。

（四）重点解决三侵问题

解决三侵问题主要是解决公权侵私权、私权侵公权、私权侵私权问题。目前中国农村除去农田水电路等基础设施配套用地外，还有相当一部分土地被集体经济组织以外的个人、法人、组织侵占，要通过土地确权解决三侵问题，扩大农村集体资产保有量，增强村级组织发展后劲。

二、深化农村综合改革，理顺农村生产关系

（一）深化农村产权制度改革

通过"三改革（土改—土地改革、股改—资产股份制改革、户改—户籍改革，实行人口自由迁移流动）""三分开（政经—村委会和经济组织分开、资地—资产和土地分开、户权—户籍和农民享有的权益分开，进城仍享有农民权益）""三分离（所有权、经营权、承包权）"和"一服务（农民进城后享有与市民同等待遇的服务）"的手段来固化农民的三项基本权利，实现资源资产人格化，变农民对土地的完全依赖为权益依赖和资本依赖。坚持完善农村基本经营制度，落实农村土地集体所有权，稳定农户承包权，放活土地经营权。

（二）搭建农村综合产权交易平台

成立农村综合产权交易中心，并在试点镇区建立交易分中心，形成市、镇两级交易平台统一管理、协作联动的农村产权交易市场体系。负责农村集体产权依法转让、出租、入股、抵押或其他方式流转交易工作，并鼓励农民个人产权进场流转交易。最终实现各类农村生产要素合理流动和优化配置，实现农村资源的用益物权价值，实现农村资源的市场化、资本化、货币化。

（三）创新农村经营模式，改革和发展农村生产力

1. 创新农村管理体制

全面实行政经分开，村委会只负责管理资产和行政事务。在镇村两级组织成立农业开发公司，一方面对村级资产进行运作和经营，实现资产资本化；

另一方面作为投融资平台和金融资本，实现资产资本化。

2. 创新农业管理方式

实行专业化分工和社会化服务。目前，我国农业与国外差别主要不是在技术、设备、规模上的差别而是在生产方式。农业要实现现代化，必须实行"农民管理，工人种地""专业分工和社会化生产"的工业化模式。

三、大力推进农业产业化，实现农业现代化

（一）改善农业生产条件

重点推进公共财力向农业、农村倾斜，全面整合发改、农经、水务、财政、农机等涉农部门的专项资金，并充分吸引社会资金，加大关系农业发展的重大农业基础设施改造、新建力度，改善农业生产条件。

（二）大力发展规模农业

按照一县一业、一镇一品的发展思路，加速农村规模农业发展。推进一县一业发展，坚持因地制宜，实事求是，重点打造不同地方不同的特色。同时，通过对现有农业设施进行高度整合，坚持统一规划、统一标准、统一配套。

四、以土地改革为核心，大力推进城镇化

（一）推进城市化

以中心城区与经济开发区为主要节点，加速推进城市化进程。对基础设施和公益设施要按照标准规划建设，实现全覆盖，消灭城中村，做强房地产、现代服务业等产业支撑，实现全域城市化。

（二）推进城镇化

通过完善公共基础设施等城镇功能，做强循环经济、农产品加工、古城开发、文化旅游等产业支撑，聚集城镇人口，大力推进城镇化。

（三）推进新型农村社区化

鼓励镇区涵养生态，保护农村生态环境，在充分尊重农民意愿的前提下，

改善农民的生活居住环境。对居住分散、生活环境差、房屋破旧的情况，通过土地增减挂钩，集中建设新型农村社区。

在改善农民居住环境的同时，对复耕的土地进行集中流转，收益用于改善道路等基础设施和公益设施建设，对农民进行生活补贴，提高农民的生活质量。

第三章 农村土地流转

第一节 农村土地流转概述

一、农村土地流转含义

流转，在《现代汉语词典》中有两个含义，一是：经常流动转移，不固定在一个地方；二是：指商品或资金在流通过程中的周转。土地流转，是广义的土地使用权的流转，指土地使用权人依照法律程序将土地使用权有偿转移给公民、法人或其他组织的行为，包括城市土地流转、农村土地承包经营权流转和农村集体建设用地使用权流转。

农村土地流转，指的是农村土地承包经营权的流转，是农村农业用地的承包经营权在不同经营主体之间的流动和转让，即在不改变农村土地所有权权属性质和农村土地农业用途的基础上，原土地承包经营权人将土地承包经营权转移给其他从事农业生产经营的农户或经济组织，或者保留土地承包权、将经营权（使用权）转移给其他个人或组织的过程。

理解农村土地流转的含义，需要注意以下几点：

第一，土地流转不涉及所有权的变动。我国城市的土地属于国家所有；农村和城市郊区的土地，除由法律规定属于国家所有的以外，属于集体所有。土地所有权的变动只能是由集体所有变更为国家所有，这种情况一般称为"土地征用"，而非"土地流转"。

第二，农村集体土地的使用权由土地所有者即集体经济组织转移到土地使用者即各农户的过程，不是"土地流转"，而是"土地承包"。只有土地使用权从土地承包者或土地使用者手中转移出去，才是真正意义上的"土地流转"。

第三，农村土地流转是承包经营权流转，少数情况下是土地承包经营权的整体流转，而大多数情况下是不改变土地承包权前提下的土地经营权（使用权）的流转。

第四，农地只能农用流转，即流转土地的农业用途不能改变。

二、农村土地流转原则

（一）平等协商、自愿、有偿原则

这一原则包含着三层含义：

1. 平等协商

参与农村土地承包经营权流转的双方当事人处于平等的地位，这是发展市场经济的内在要求，也是流转的基础和前提。也就是说，参与流转的双方当事人应该是平等的民事主体。流转双方均不得将自己的意志强加给另一方，必须通过协商、共同决定土地流转的条件、形式、内容和期限等。

2. 自愿

参与土地流转的双方当事人都是出于自己的意愿参与流转的，不存在任何一方强迫或者胁迫另一方。必须充分尊重农民意愿，农民的承包土地是否流转由农民自主决定，任何组织和个人不得强迫或阻碍农民进行土地承包经营权流转。

3. 有偿

农村土地承包经营权流转不是无偿进行的，应当获得一定的报酬。至于流转所获报酬的支付时间、方式、具体数额等，则由流转双方进行协商、共同决定。农民有从土地流转中获得合法收益的权利，并且所获得的收益受法律保护，任何组织和个人不得截留、扣缴。

（二）不改变土地所有权和用途原则

农村土地承包经营权流转的对象不是土地所有权，而是承包方依法享有的土地承包经营权。农村土地归集体所有，因此，必须明确的是，在土地流转过程中，承包地的所有权权属关系是不能变更的，土地所有者的权益也不能受到损害。农村土地承包经营权流转后，土地的农业用途不得擅自改变，也不允许将农业用地用于非农建设。

农业用地既是农业生产力的载体，又是农民赖以生存并提供社会财富的生产资料和生活资料。实行土地用途管制是我国进行土地管理的一项重要制度，农地只能农用。因此，在农村土地流转的过程中，必须坚持重点保护农业用地，确保农地面积不再减少。

（三）流转期限限定在承包期内的原则

在农村土地承包经营权流转实践中，应签订流转合同，其中应对流转期限加以限定。流转期限最长到承包期到期为止，也就是说，在签订的土地流转合同中，流转期限不能超过土地承包合同尚未履行的剩余时间。

例如，在承包合同上承包期为30年的话，在履行了承包合同15年之后再进行土地承包经营权流转，这时土地流转的期限就不能超过15年。

（四）受让方须有农业经营能力原则

必须明确的是，不是所有的个人和经济组织都可以参与农村土地承包经营权流转实践的，农村土地流转应当主要在从事农业生产经营的农户之间进行。工商企业可以开发农业，但应主要从事农业产前、产中、产后的服务、农产品的加工营销以及进行"四荒"的开发，采取订单农业和"公司+农户"的方式，带动农户发展产业化、规模化经营。

我国人多地少，人地矛盾突出，而土地作为农民基本的生产资料和生活来源，一旦放开工商企业和城镇居民到农村租赁和经营农户承包地的限制，会存在很多令人担忧的隐患。

目前，中央政策对于工商企业长时间、大面积租赁和经营农户承包地的做法并不提倡，因为这样做可能造成土地兼并，使农民成为新的雇农甚至无业者，危害整个国家和社会的稳定。

在我国租赁农户承包地的外商，必须是农业生产加工企业或农业科研推广单位，不准其他企业或单位来租赁经营农户承包地。这样的规定可能造成农户在农业生产的资金、技术等方面的不足，再加上农户自身观念上的差异，这就会导致土地不能发挥其最大效能。不过，综合来看，特别是从我国目前的农业发展水平来看，这一原则还是利大于弊。

（五）同等条件下本集体经济组织享有优先权原则

农村土地属于集体所有，因此，本集体经济组织成员作为土地所有者的一员，对土地享有特殊权益。农村土地承包经营权流转，改变的是土地使用权，而不是土地所有权。所以，土地流转虽然是按照市场原则进行的，但同时，也应照顾土地所有者，即维护本集体经济组织成员的利益。

在土地流转中，如果出现两个以上的受让方争夺土地承包经营权时，在各受让方关于流转费用和流转时间等方面的条件相同的情况下，那么优先权应当归属于本集体经济组织成员的受让方。这是为了保护土地所有者本集体经济组织成员的土地权利，同时也体现了本集体经济组织成作为土地所有者的特殊地位。

三、农村土地流转制度中的宪法问题

当下中国，农村土地制度中的主要矛盾集中于国家、集体、农民个人在土地收益中的分配。引发这一矛盾的关键因素在于现行法律制度关于农村土地流转的限制性规定以及农村土地的集体所有制。对农村土地流转的限制主要来自宪法和土地管理法，《城市房地产管理法》的相关规定，包括对所有权流转和使用权流转的限制。其中，根据宪法第 10 条第 1 款和第 2 款规定，按照土地属性加以划分的土地国家所有（城市土地）和集体所有（农村和城市郊区的土地等）的二元结构，已经内在地对土地所有权的流转进行了限制，集体所有的土地变为国家所有的途径只有一条，即根据宪法第 10 条第 3 款的规定，国家基于公共利益进行征收。在农村土地使用权的流转方面，宪法第 10 条并未加以具体限制，只是要求法律保留，即"生地的使用权可以依照法律的规定转让"，但《土地管理法》和《城市房地产管理法》的规定，却使农村"生地使用权的转让"在法律层面上被禁止了。

基于宪法和法律层面对农村土地在所有权和使用权转让方面的双重限制，当下中国土地制度存在的核心争论主要集中于两方面：其一是现行宪法第 10 条本身的正当性；其二是《土地管理法》等相应法律法规是否合宪的问题。第一个问题的争论焦点在于土地应不应该国有或集体所有。许多学者主张废除农村土地的"集体所有制"，还农民以土地所有权，持此论者多为"生地私有化"的支持者。从宪法学角度而言，这一问题属于元宪法问题，在相关修宪程序启动之前，需要适度搁置争议，从现有宪法的规范框架出发建构相关土地制度、解决既存问题。

就此而言，第二个问题就成为争议的核心。1988 年宪法修正案在宪法第 10 条增加了第 4 款关于"生地使用权转让"的规定之后，1988 年随之对《土地管理法》进行了修改，在《土地管理法》第 2 条增加了第 4 款，规定："国有土地和集体所有的土地的使用权可以依法转让。土地使用权转让的具体办法，由国务院另行规定。"但在实践中，国务院仅仅在 1990 年制定了《城镇国有土地使用权出让和转让暂行条例》，并没有制定集体土地使用权转让的具体办法。

1998 年，《土地管理法》再次进行修改时，这一条款也被废除了，反而增加了第 43、63 条的规定。结合 1994 年制定、2007 年修改的《城市房地产管理法》第 9 条（城市规划区内的集体所有的土地，经依法征用转为国有土地后，该国有土地的使用权方可有偿出让）规定，形成了今天集体土地使用权转让的局面：农用地如果要用于非农业建设，只能经国家征收将其变为国有建设用地，由"国家"（事实上主要是地方政府）垄断土地一级市场，从而形成庞大的"生地财政"。国家作为利益主体，形成了国家既制定政策、又参与市场，既当球员、又当裁判员的局面，造就了国家通过低价征地、高价出手的奇怪现象，使商业开发被囊括为土地征收中的"公共利益"，农民的财产利益则尽可能被压至最低。《土地管理法》第 43 条第 1 款第 2 句和第 63 条第 1 款第 2 句，在事实上对集体建设用地的用途和使用权的转让进行了严格的限定，使之仅在例外情况下才能转让。《土地管理法》第 43、63 条以及《城市房地产管理法》第 9 条的规定基本上禁止了农村集体土地使用权的转让，这一点构成了对宪法第 10 条第 4 款土地使用权转让的限制，形成了部门法规定与宪法规定之间的矛盾关系，从而使部门法规具有违宪之虞。

根据宪法第 10 条第 4 款的规定，土地使用权可以"依照法律"规定加以转让。

第一，从文义角度出发，"依照法律"是对宪法所规定的"生地使用权的转让"进行具体化，但这种具有形成性质的立法能不能对土地使用权的转让加以限制，这种限制是否必须接受比例原则的审查，都有待研究。从德国的经验来看，对基本权利进行限制，首先需遵循法律保留原则。

第二，并非法律的任意限制都合乎宪法，法律的内容本身必须"合乎比例"，否则就会构成违宪，比例原则也因此成为基本权利审查中的帝王条款。从这一前提出发，则《土地管理法》等法律的相关规定就需接受合宪性审查，而首要的任务则要分析宪法中所规定的"生地使用权"的性质，要做到这一点，就需对土地使用权背后的农村土地"集体所有"以及宪法中的"集体所有制"加以分析。

第二节 农村土地流转机制

一、农村土地流转形式

改革开放以后，随着外出打工和经商人员的逐渐增多，农村土地流转成为一个十分普遍的现象。在家庭联产承包责任制的前提下，各地农民创造了多种土地流转形式，如转包、出租、互换、转让、股份合作等。

（一）转包

指原承包方将自己承包期内的部分或全部承包土地，转交给本集体经济组织内部的其他农户从事农业生产经营。原承包方保留土地承包权，转出土地使用权（经营权）。转包后原土地承包关系不变，原土地承包合同规定的权利和义务仍然由原承包方履行，而新承包方则按转包时约定的条件对原承包方负责。

（二）出租

指承包方将自己承包期内的部分或全部承包土地，租赁给本集体经济组织以外的其他个人或单位从事农业生产经营。土地出租后，原土地承包关系不变，原土地承包合同规定的权利和义务仍然由承包方履行，而承租方则按出租时约定的条件对承包方负责。

出租与转包都无需经发包方许可，签订的转包合同或出租合同向发包方备案就可以了。这两种流转形式运作简便，对当地经济发展水平也没有过高要求，是目前欠发达地区农村土地流转的主要形式。

（三）互换

指经发包方同意，同一集体组织内部的承包方之间为方便耕种或各种需要，对各自的土地承包经营权的交换。互换的双方在取得对方的土地承包经营权的同时丧失自己的原土地承包经营权。双方农户达成互换协议后，应与发包人变更原土地承包合同。这种流转形式简单易行，私下互换土地的情况多有发生，容易引发纠纷。

（四）转让

指承包方提出申请、并经发包方同意，承包方将其部分或全部土地承包经营权流转让渡给其他从事农业生产经营的农户，流转后由受让方履行相应土地承包合同的权利和义务。转让以不改变土地所有权的性质和土地的农业用途为前提。

土地转让后原来的土地承包关系就自行终止，原承包方在承包期内的土地承包经营权部分流转或全部流转。受让方需与发包方签订新的承包合同，重新登记和领取承包经营权证书等。这种流转形式是土地承包经营权的根本性让渡，一般只有在承包农户有稳定的就业和非农收入情况下才可能采取这种方式。

（五）股份合作

指在承包期内，承包方之间为发展农业经济，自愿将各自的土地承包经营权量化为股份，共同进行农业生产，按股份从土地收益中获取分红。在农地股份合作组织中，集体是土地所有权主体，股份合作经济组织是集体和农户股份权利的代理人，经营管理权则由股东代表大会推选的管理者来行使。

股份合作是具有合作生产性质的流转形式，促进了农村生产要素的合理流动及优化组合。这种流转形式一般发生在非农产业比较发达、金融资产意识比较强的经济发达地区。

（六）反租倒包

指在承包方自愿的基础上，集体经济组织将已发包给农民的土地再反租回来，经过统一的规划和整理以后，重新发包或倒包给其他从事农业生产的经营者。不过有些农村集体经济组织在反租倒包的操作过程中，出现了不尊重承包农户意愿的行为，强行收回农户承包的土地，由流转的中介者变成支配者，损害了农户利益，所以要慎重运用这种土地流转形式。

（七）信托

指作为委托人的农地承包经营权人，在坚持农村土地集体所有权不变、承包权长期稳定的前提下，将土地的经营权（使用权）委托给土地信托服务组织（受托人），在一定期限内由受托人以自己的名义管理、使用该土地或者处理土地的使用权，并将因此而获得的收益归属于土地信托契约所指定的收益人（通常就是委托人）或者用于特定目的的一种土地流转行为。用这种土地流转形式需要满足一定的条件，即当地的社会经济发展水平较高，故此形式较适用于经济比较发达的地区。

（八）抵押

指在通过农村土地承包方式取得的土地承包经营权有效存在的前提下，土地使用者（原承包方）并不转移对土地的占有权，而是将自己拥有的物权性质的土地承包经营权作为债权担保，发挥土地融资作用，取得银行贷款（主要是农业经营贷款）的形式。这种流转方式由于可能出现农户不能按期还贷的情况，具有一定的风险性。

目前，我国对土地使用权抵押贷款采取严格的限制，福建三明市最早开展了农村土地承包经营权抵押信贷试点工作，这种土地流转形式还需要在实践中进一步探讨和完善。

二、农村土地流转机制存在的问题

当前农村土地流转的主要障碍是缺乏国家的宏观机制和土地流转的微观市场机制。

(一)政府管理体制不完善

政府的管理体制不完善，强制性诱导不到位，还需进一步宣传引导，财政支农的强度也有待加大。

(二)缺乏土地流转市场主体

土地流转不畅的根本原因是缺乏土地流转市场的主体。农民作为一个经济人，追求利益或效用的最大化，要会进行成本—收益分析。流转土地的，只有当流转的收益大于自己耕种的收获时，才有流转的意愿，才能提供土地的供给；而需求土地的，只有当土地的规模效益使他取得大于租地的成本时，才有土地需求的愿望。

由于目前农村缺乏能根据市场调整产业结构和利用现代生物技术提升农业档次的人才，因此农业的比较利益很低，种地几乎无利可图，农民没有种地的迫切愿望，形不成对土地市场的需求。由于没有土地市场最基本的要素即需求者与供给者，当然就不会形成农地流转的市场。

(三)土地使用权不具有物权性质

土地流转困难还在于土地使用权不具有物权性质，不能使权利交易主体形成合理的预期，进而使得流转交易主体缺乏应有的积极性。农民拥有土地的完整物权才能独立决定自己流转的意愿，才能进行自由的土地交易。市场交易的实质是产权的让渡，产权明晰是市场交易的基本前提。

我国已颁布的《物权法》相对于十几年前颁布实施的《担保法》并没有太大的突破，不但没写明土地承包经营权的可设抵押权，而且仍然在原则上对耕地、宅基地、自留地、自留山等土地使用权禁止抵押。只有让农民享有对土地的排他性占有权、转让权、收益权、租赁权、抵押权及入股权利等，土地才能真正流转起来。

（四）缺乏规范与健全的土地流转市场体系

没有形成土地流转的信息市场、金融市场以及资本和劳动力市场，没有土地银行或土地信托合作社，也没有土地经营的资金、技术和管理人才。

（五）缺乏完善的土地价格机制

合理的地价，是实现农村土地市场运作的必要前提。土地规模经营必然要求有一个统一的土地价格。连片承包荒山、连片承包耕地等都可能涉及几个分属于不同集体所有的土地。同等条件的土地在理论上要求价格一致，实际操作过程中地价客观上也必须一致，才能体现公平公正。总之，土地流转中的收费要以地价为基础。在价格机制的引导下流向价值最高的用途，并最终达到合理的配置。流转中的土地流转收益和土地流转增值收益都要以土地价格为基础。但至今土地价格仍模糊不清，地价的空缺与土地有偿流转形成很大反差，阻碍了农村土地流转工作的顺利进行。

（六）土地承载的负担重，影响流转

农民没有养老和失业的保障，农村土地具有社会保障功能，农民失业和养老都指望土地。进城打工的农民彻底放弃土地得不到任何补偿，所以宁可抛荒或让亲朋耕种，只有当能用土地使用权换来一定的生活保障，才会把土地转让，或将土地使用权有偿交给集体。

（七）农民进行土地交易的成本太大

土地交易交易成本包括：相关信息的搜集成本和为了达成交易的谈判成本、签订契约耗费的成本、履行契约的成本（契约签订后按约定行事的成本）、当一方违反契约时对其惩罚的成本。农村信息传播渠道不畅通，导致交易双方的搜寻成本和谈判成本过高。市场交易的实践客观上对建立土地流转的中介组织和土地使用权经营组织产生了需求。

三、解决农村土地流转机制问题的措施和建议

（一）加强国家宏观调控和管理

通过政策调控农村土地利用的方向和结构，确保农村耕地的不流失和农

村的可持续发展。健全农村土地流转的监督体系，保证非农建设用地流转符合国家的公共利益和不侵害农民的经济利益，充分利用各种舆论媒体开展有针对性的宣传发动工作，大力宣传开展土地流转和规模经营的意义。

（二）加大政府支农力度

土地流转困难最根本的原因不在于土地流转的供给方面，而是在于流转方面有支付能力的需求不足。因为农业经营的经济效益差，缺乏能带来规模效益的种田能手和科技型农民。因此，应大力培育企业家型的农民和种田能手。对那些对农业有兴趣，有能力从事农业的生产者，要在各方面给予支持，把其培育为农业经营的主体，增强对土地流转的需求。在耕地的流转中，要建立有效的激励机制，可采取促进农业劳动生产率提高的政策，如每年中央财政可安排一定资金，地方再配套一定比例，补贴给购买有利于促进农业结构调整、保护农业资源、节本增效高性能的大中型农业机械和先进适用农具的农民。尝试给予种田大户和规模经营的组织以奖励，促进土地向种田大户手中集中；可借鉴国外实行离农奖励金的措施鼓励其离农就业，加速土地流转。加大金融支持力度，为农地使用权的流转创造优越的条件。

（三）在法律上进一步明晰土地产权

立法改变土地权的契约性质或债权性质，以具有严格物权法意义的土地使用权取代土地承包权，即承包权物权化，使农民的土地财产权在独立性和明确性上有所保障，使农民真正享有占有、使用、收益和处分四权统一的承包经营权。另外，还要制定土地使用权流转的相关法规，明确规定流转的原则、形式、期限、工作程序、使用权的确认、管理机构及其职责，以及各方面的权利、义务、纠纷处理及法律责任。并对出让费管理、流转合同文书、档案、鉴证等做出明确要求。真正使土地流转走上法制化、规范化轨道。

（四）完善土地价格体系，加强土地价格评估工作

对农村土地要进行分等定级、科学评估、确定土地流转价格。非农建设用地的土地的流转价格还应是农民就业、生存保障和社会福利功能所体现的社会价值的货币表现。要逐渐将国有土地和集体土地统一起来，实行"同质

同价"，集体的土地也应当和国有土地一样有市场定价，是土地未来收益的贴现值。引入市场操作手段（如拍卖），坚决杜绝以行政方式取得公开投标定价，避免集体土地流转收益被少数部门和少数人侵蚀的现象发生，保障农民集体的利益。

（五）引入市场竞争机制

要通过竞标承包集体土地，特别是种植业以外的其他农业用地项目，如果园、茶园、林场、鱼塘等。通过这种方式选择流转土地的最佳经营者，实现生产要素的最优配置，提高农地的利用效率。

（六）建立畅通的土地流转渠道，完善土地流转市场体系

鼓励农村基层组织在土地流转中发挥其积极作用；大力培育土地流转的中介服务组织，由该组织从事土地信息收集、整理、广告、政策咨询、信用担保等工作，并开展土地资产评估。建立委托代理机构，受不愿种地的农户或经营能力差的农户委托，代为出租、转租或转包给那些经营能力强的业主，从而促进农地的流动和集中。其形式可以是土地经营公司、土地评估事务所、土地银行、土地保险公司、土地证券公司等。

（七）建立农村社会保障体系，弱化农地保障功能

农村社会保障体系包括农村社会保险、社会救济、社会福利、优抚安置、社会互助，以及发展和完善农村合作医疗制度等。只有建立起农村社会保障体系，弱化农地保障功能，才能真正为农民解除放弃承包地的后顾之忧，促进农业劳动力的彻底转移，实现农地资源的高效配置。

（八）扶持和发展土地流转的新组织形式

土地流转的新组织形式如土地股份合作组织、土地信托合作社以及农民专业合作社。

土地股份合作组织将土地资产进行股份量化以实现土地实物集中，并按照股份分享收益，实现了对土地增值收益、土地规模经营收益等各类潜在收益最大限度地挖掘。

土地信托合作社是指在保留土地承包权的基础上，将土地像银行存款一

样存入农村土地信用社。土地信用社根据土地的地理位置、肥沃程度、升值潜力等确定级差性的"存地租金"，定期向农民发放。由"储蓄"而集中起来的土地经过土地信用社的整理和公开招标竞争，出租给种田大户，搞规模化种植和养殖等，这些用地大户要按照所贷土地的地质地力差异和期限的长短缴纳贷地租金，贷地租金高于土地信用社向存地农民支付的"存地租金"。

农民专业合作社是土地股份合作组织发展的重要依托，是实现现代农业发展的重要载体。这种组织能解决信息不对称和交易不经济的问题，可以避免交易中的逆向选择和道德风险，实现低成本交易，有利于土地的流转和土地资源的有效利用与合理配置。

（九）加速农业工业化进程与农村城镇化进程

加速农业工业化与农村城镇化的进程中，在有序转移农村剩余劳动力的基础上为农村土地的流转创造条件。

第三节 农村土地流转现状

一、农村土地流转的整体概况

（一）流转规模加大、流转速度加快，流转总体水平较低

实行家庭联产承包责任制以后，个别农户因缺少劳动力而将自家的责任田转包给其他农户，出现了最初的土地流转，这是一种零星的、分散的流转，流转规模小、数量少、范围窄。从 20 世纪 80 年代后期开始，随着经济的快速发展，越来越多的农村剩余劳动力离开农村流向城镇，土地流转逐渐成为农户自发进行的、避免土地撂荒的选择。尤其是在十七届三中全会以后，在中央政策的引导下，在各级政府的推动下，土地流转规模越来越大、流转速度也越来越快。

2007 年前的 10 年间，全国土地流转年均增长为 14%，2008 年土地流转猛增 70%，2009 年再增 50%，全国已累计流转 1.7 亿亩土地，超过全国承包耕地面积的 12%。但我国农村土地流转仍处于较低水平，土地流转主要以农

户之间的流转为主，流转期限较短，一般以 3～5 年的短期流转为多。

表 3-1　2006 年初全国土地流转情况统计

流转模式	面积（万公顷）	比例（%）
转包	1986.88	53.65
出租	809.94	21.87
转让	327.38	8.84
互换	179.25	4.84
入股	170.73	4.61
其他	229.24	6.19
总量	3703.41	100

（二）流转形式多样化

各地农民创造了多种土地流转形式，如转包、出租、互换、转让、股份合作等。在农村土地流转形式中，转包占主导地位，大部分地区通过"转包"形式流转的农村土地占到流转面积的 50% 以上，以"出租"形式流转的土地在 20% 以上，而以"互换""转让"和"入股"形式流转的土地比例较低。信贷、抵押等形式只在少数地区进行，因此以这些形式流转的土地所占比例更低。

（三）参与主体多元化

目前，随着土地流转的进行，参与主体日趋多元化。参与农村土地流转的除一般农户外，还包括种植大户、专业合作社等。土地转出方多是转移到非农产业的农户，而土地转入方已经不再局限于想要进行规模经营的农业经营大户，还包括农村经济合作组织、农业企业、科研机构、城镇居民等等。

（四）区域间的土地流转发展不平衡

由于区域间的经济社会发展水平、各地方政府偏好等的差异，使区域间的土地流转在流转规模、流转速度、流转形式等方面表现出一定的差异性。早期的农村土地流转主要发生在第二、三产业比较发达、农民可以获得较多的非农就业机会和稳定的非农收入的地区，这些地区的农民对土地的依赖性较小。

最近几年，随着经济的发展和产业结构的调整，农村土地承包经营权流转的区域在不断扩张，但经济发达地区农村土地流转的比例还是要高于经济欠发达地区，南方和东北地区高于华北和西北地区，城郊高于边远乡村，劳务输出多的地区农村土地流转的比例也较高。

二、尚未建立完善的农村土地流转市场

（一）农村土地流转市场体系不健全

土地流转要健康有序地进行，就需要有完善的农村土地市场。土地市场与土地流转是一种辩证统一关系，二者相辅相成、互相促进。土地流转可以促成土地市场的发育与完善，而健全的土地市场又能为土地流转提供规范的交易场所，使土地流转更趋合理化。

目前，大部分地区尚未形成统一规范的农村土地承包经营权流转市场，土地流转的信息渠道不畅，导致土地流转中供给与需求脱节。土地流转有一定的偶然性和局限性，大大增加了土地流转的交易成本，影响土地流转的速度、规模和效益。随着城市化、工业化的发展，农村土地流转的市场需求和供给将不断扩大，必须建立完善的农村土地流转市场。

（二）农村土地流转中介组织建设滞后

农村土地承包经营权流转不同于普通的商品交易，涉及交易主体各方，因此其运作程序相当复杂。中介服务组织是农村土地承包经营权流转各方的桥梁和纽带，没有中介服务组织，土地流转的机会就会减少、成本就会增加、风险就会加大。

我国土地流转的中介服务组织刚刚开始发育，规模小、能力差，多数由政府靠行政措施建立，提供的服务非常有限。权威、有效的农村土地定级及价格评估机构仍然缺乏，土地流转的透明度有待增加；土地流转中的担保机构缺乏或不完善，土地流转仍然存在较大风险；土地流转仲裁机构缺失，很

多争端难以解决。

当前，我国一些地方农地流转的中介服务工作是由集体经济组织代为进行的，这些集体经济组织既当"裁判员"又当"运动员"，免不了干涉交易主体的使用权、处置权和收益分配权，严重制约了土地市场的发展。即使有些地方建立了流转中介服务组织，但真正能够按照市场经济法则对土地流转进行运作的并不多，从而影响了生产要素的合理流动和优化配置。

（三）农村土地流转机制不健全

1. 农村土地流转价格机制不健全

在税费改革前，我国农村土地流转价格主要包括四种类型，即转入户向转出户直接以现金形式支付；转入户向转出户支付一定数额的粮食；转入户代转出户交纳各种税费作为流转费的支付；转出户向转入户倒贴一定数额的现金。当时普遍存在无偿、甚至倒贴流转土地的现象，如福建省三明市2004年农地流转中无偿、倒贴流转的占到了15.6%，当时大多数情况下土地流转的价格为负。

2006年，我国全面取消农业税之后，无偿、甚至倒贴流转土地的情况已然消失，土地流转价格是否合理越来越影响到流转双方的流转意愿。对农村土地的合理定级、估价是土地流转的一个必不可少的环节。当前由于缺乏专业科学的土地定级评估体系，人为制定流转价格，导致土地流转价格扭曲，土地收益流失，农民的权益难以得到保障，这在一定程度上不利于农村土地的市场化流转。

2. 农村土地流转风险保障机制不健全

目前，我国土地承包经营权流转的风险保障机制仍然不完善。土地转出方担心土地流转后经营的项目是否具有长效性，土地受让方是否具有足够的经济实力，同时还担心出现土地流转金难以兑现以及流转出去的土地收回后难以恢复地力等情况；土地受让方担心转出方由于法治意识淡薄而单方毁约、要求增加土地流转金或收回土地经营权，导致自己的利益受损。

农业投资存在自然和市场的"双重风险"，土地流转中若没有建立相应的土地流转风险保障制度，既影响农民流转土地承包经营权的积极性，又影响土地投资经营者进行土地规模经营的积极性。

3. 农村土地流转纠纷解决机制不健全

我国《农村土地承包法》第 51 条规定："因土地承包经营发生纠纷的，双方当事人可以通过协商解决，也可以请求村民委员会、乡（镇）人民政府等调解解决。当事人不愿协商、调解或者协商、调解不成的，可以向农村土地承包仲裁机构申请仲裁，也可以直接向人民法院起诉。"

《农村土地承包法》实施至今，全国大多数农村仍然没有建立农村土地仲裁机构，有些农村虽然已经建立土地仲裁机构，但由于人员和经费等原因仍未能开展仲裁工作，仲裁委员会在纠纷解决中基本上没有发挥出预期作用。这几年随着城乡一体化进程的加快，由土地承包经营纠纷引发的案件越来越多，而土地流转纠纷解决机制的不完善，导致很多纠纷无法顺利解决，给推进土地流转、实现土地适度规模经营造成了很大的阻力。

三、农业生产的比较效益低

农业生产受资源、气候、生态环境等自然因素和市场风险的影响较大，是生产周期长、回报收益慢、投资风险大、比较效益低的弱质产业。由于国家对农业基础设施建设投入不到位，农业自然灾害频繁，农产品价格受市场波动的影响较大，以及土地零碎、分散，机械化耕作和一些先进农业生产技术无法普及推广等原因，造成了农业生产成本高，生产经营劳动强度大，且投资回报率低，影响了农民对土地经营的积极性，也影响了社会各类资本投资农业的积极性。

我国长期以来实行依靠农业发展工业的方针，强调农业要为实现国家工业化做出贡献，因而国民收入的分配格局总是向着不利于农业的方向倾斜。目前，虽已进入以工促农的发展阶段，但长期形成的工农产品价格"剪刀差"仍然存在。

近几年，尽管国家给予农民许多优惠政策和补贴，但由于农资涨价、农村基础设施破旧等因素的影响，农民仍然很难获得社会平均利润，更谈不上超额利润，致使农村土地流转无法顺利推行。

四、农村剩余劳动力转移难

土地流转与农村剩余劳动力转移是相互促进的关系。土地流转的推进意味着有更多的农民从土地中解放出来，可以加快农村剩余劳动力转移的速度。而农村剩余劳动力的转移意味着这部分农民脱离了农业生产，可以将土地流转出去。农村剩余劳动力不能有效转移，农村土地就不可能有效流转。

目前，农村剩余劳动力的转移并不顺利，主要原因有以下几点：

第一，城乡二元户籍制度及由此衍生的城乡居民身份差异给农村剩余劳动力的自由迁移增加了成本和风险，影响了人力资源的合理配置。

第二，农村教育落后，农民素质与市场需求不相适应，城乡教育体制的差异对农村剩余劳动力的转移也形成了较大的阻碍。农村剩余劳动力大多受教育程度不高，缺乏有效的技能培训，就业竞争能力薄弱，难以适应经济发展水平提高和高新技术产业兴起带来的整个社会对劳动力素质的要求。城乡教育体制的差异，使得很多已经进城从事非农生产的农民工，无法让他们的子女在自己工作的城市接受教育。这些孩子成为留守儿童，跟随同样留守在家的老人在家乡接受农村教育。这不利于农民素质的提高和农村剩余劳动力的转移。

第三，劳动力市场的不健全造成了农村剩余劳动力的无序盲目流动，组织化程度有待提高。很多劳动力市场没有规范的招工程序，没有准确的招工信息，没有善后的"输出"服务，无法为农村剩余劳动力的就业提供有效帮助。较低的组织化程度给农村剩余劳动力转移就业带来了不确定性和不稳定性，给农村劳动力转移就业后的保障、维权工作带来了难度，一些农民务工的合法权益得不到有效保护，拖欠克扣工资、乱收费等问题时常发生。

另外，城市失业率的增加、农村社会保障体系的不健全等因素，增加了农民在城市寻找工作的机会成本，也阻碍着农村剩余劳动力的转移。

五、农村社会保障体系不健全

由于一些历史原因而形成的城乡二元经济结构，造成了目前城镇居民与农村农民差异巨大的两种保障制度。我国的农村社会保障项目主要包括社会救济（贫困人口社会救济、灾民救济）、社会保障（养老保险、合作医疗）、优抚安置、社会福利和社会互助五项制度。虽然我国农村目前已初步具备了社会保障体系应有的项目类别，但与城镇居民享有的较为完善的社会保障体系仍存在着较大差距，农村社会保障项目设置的供给量与农民对社会保障的实际需求量之间存在着很大差距，主要表现在社会保障的覆盖面窄、保护水平低，进城务工经商人员遭受社会保障体系实质上的排斥等。

土地对于我国广大农民来说，不仅承担着社会生产的功能，还承担着农民的就业功能和社会保障功能，是我国农村稳定的基础。随着社会主义市场经济的发展，大量农民流向城市，或是从事第二、三产业，但农村社会保障体系的不健全，在某种程度上强化了农村土地的保障功能，土地对于绝大多数农民而言仍然是主要的生产资料和生活保障，仍然是最后的防线、最终的保障。因此，农民对于土地流转存在着非常矛盾的心理。

由于农民自身文化素质和非农劳动技能的缺乏，以及社会上一些显性和隐性壁垒的制约，农民无法与城市居民享有平等的就业机会，许多农民很难在城市实现长期稳定的就业。在非农就业的岗位和收入尚不稳定的情况下，农民宁可粗放经营甚至撂荒也不愿轻易流转或放弃土地，这导致了农村土地难以按照市场经济的要求流动起来，农地流转缺乏有效的土地供给，存在着供给障碍。没有健全的社会保障体系做支撑，农村土地难以顺利地流转。

第四节 农村土地流转模式

一、农村土地流转模式

模式，在《现代汉语词典》中的含义为"某种事物的标准形式或使人可以照着做的标准样式"，其实就是解决某一类问题的方法论。模式是从不断重复出现的事件中发现和抽象出的规律，是解决问题的经验的总结。模式是一种参照性的指导方略，有助于得到解决问题的最佳办法，高效完成任务。具体来说，就是在对特定问题的特征进行分析的基础上，根据某种原理推演或者由实践归纳和总结出来的，由思想和理念、目标和方法、活动和策略、结构和操作步骤所构成的，具有相对稳定结构的问题解决系统。

农村土地流转模式是指在特定的土地制度背景下，推行农村土地流转所采取的标准样式，是把解决农村土地流转问题的方法总结归纳到理论高度，成为理论加工后的一种可模仿、推广和借鉴的范式。农村土地流转模式是对具体土地流转实践的抽象化、系统化和理论化的概括和提炼，是在一定地区、一定土地产权制度约束下形成的独具特色的土地流转的方式方法。对农村土地流转可行模式的研究，就是在研究农村土地制度背景的基础上，对现有主要模式实施的方式、方法、创新及效果等方面进行深入分析，进而从制度创新、方式方法改进等角度思考农村土地流转的可行模式。

二、农村土地流转模式面临的现实问题

在中央政策的引导下，全国各地都在进行土地流转的实践尝试，形成了各具特色的农村土地流转模式。这些流转模式虽各不相同，但都共同面临着一些现实问题：

（一）农村集体土地所有权主体不明确

按照我国现行的法律，农村和城市郊区的土地，除由法律规定属于国家所有的以外，都属于农民集体所有。而"集体"又分为乡、村、组三级，农村土地的所有权到底属于哪一级，现行的法律中虽有规定但还不确定和统一，造成了所有权主体模糊不清，缺乏可操作性。在《中华人民共和国宪法》中，笼统的界定为集体所有。在《民法通则》中，界定为乡（镇）、村两级所有。

在《土地管理法》第十条中规定："农民集体所有的土地依法属于村农民集体所有的，由村集体经济组织或者村民委员会经营、管理；已经分别属

于村内两个以上农村集体经济组织的农民集体所有的，由村内各该农村集体经济组织或者村民小组经营、管理；已经属于乡（镇）农民集体所有的，由乡（镇）农村集体经济组织经营、管理。"这样在微观上形成农民集体、集体经济组织、村民委员会或乡（镇）政府对同一块土地都可以拥有所有权，村民小组、行政村、乡镇三级，社区经济组织、行政组织、党组织都可能是土地所有权主体。而所有权主体模糊一方面会导致农村集体土地所有权的虚置，另一方面容易导致各级"集体"借土地所有者的名义来侵蚀农民的土地权益，不利于土地流转工作的开展。

（二）农村土地使用权不稳定

我国农村土地承包权是一种典型的成员权，表现为不分老幼，不分时间，只要成为集体成员，都能分得一份承包土地。现实中由于集体成员总是处于不断的变动过程中，土地承包权也必然要求随着集体成员的变动进行调整。因而，婚丧嫁娶、新生人口不断形成对承包地的内在压力不断增大，不少地方不得不采取"三年小调整""五年大调整"的办法，不断重新分配承包地，这使稳定土地承包无法实现。土地调整本身就是一个昂贵的交易过程，协调、谈判，费时费力。

土地的重新调整不仅使土地经营规模更加细小和零碎，而且使农民失去了对承包土地的稳定预期，农户对任何短期内不能收回的土地投资都不感兴趣，其直接后果是农地的地力和基础设施落后。高频率的土地再分配，对农村土地的"小调""大调"，使得耕地数量和质量都处于不稳定的状态中。土地调整的次数越多，农民失去某一块土地的可能性越大，使用权的不稳定性大大增加了农民对土地使用的不确定性，影响着农民对土地流转的积极性。

（三）农村土地处分权与收益权不完整

在我国现行的土地制度和法律法规下，农村土地产权在收益和处分两项权能方面存在明显残缺。农村集体经济组织不能直接将农地所有权进行出让，而必须先征归国有，然后再由政府将其转让。还有，在全国大部分地区，农民缺乏抵押土地承包经营权以获取银行贷款的权利。所以说，农民拥有的处分权是有限的处分权。土地收益具体指土地的收获物、土地本身增值或贬值、土地流转所获得的益处等。由于我国农村土地所有权不明确，导致一些地方在制定和执行土地收益分配标准时，部分村镇干部出现"寻租"行为，农民应得权益得不到合法保障。在进行土地流转时获得的流转利益，目前国家还没有统一的分配标准，各地做法不同，一直存在争议，这在一定程度上导致了流转利益分配的混乱。

三、农村土地流转管理不规范现状

（一）农村土地流转的政策法律法规不完善

第一，中央目前还没有制定专门针对农村土地承包经营权流转的政策性文件，虽然有些地方政府出台了针对当地农村土地流转的文件，但缺乏统一性和规范性，而且其中有些文件在实施过程中还发生了损害农民权益的情况。

第二，目前我国还没有制定专门的农村土地流转法律，现行的多部法律对农村土地承包经营权流转的规定仍旧只是处在初级阶段，缺乏操作性，严重滞后于土地流转的实际发展。即使我国《宪法》《民法通则》《土地管理法》和《物权法》等对土地流转做出一些规定，还有 2005 年制定的《农村土地承包经营权流转管理办法》，但这些法律法规中对农村土地流转的规定过于笼统，多数都仅停留在对流转的肯定以及对流转行为的原则性规范上，对囊括在内的转让、转包、互换等流转形式并没有统一的、具体的规定，对流转中各流转主体之间的权责没有清楚界定，对违约违法行为也没有具体规范，对于实践中出现的"反租倒包""股份合作"等形式更是没有很好的解释。

法律上的漏洞不仅导致了农户土地流转过程中纠纷普遍，交易成本增大，同时也为许多地区集体的越俎代庖行为提供了运作空间，这些都最终导致了农民土地权益的严重流失或受损。

（二）存在耕地保护和粮食安全隐患

1. 存在耕地保护隐患

我国耕地资源具有绝对数量多、相对数量少、质量不高的特点。根据国土资源部的数据，2009 年中国耕地总面积为 18.26 亿亩，人均耕地面积只有 1.39 亩，不到世界平均水平的一半。

虽然我国执行的是最严格的耕地保护制度，确定了 18 亿亩耕地红线，但是只注重以行政、法律手段为主，而对经济手段的运用还不够重视，耕地面积在逐年减少，如下图 3-2 所示。

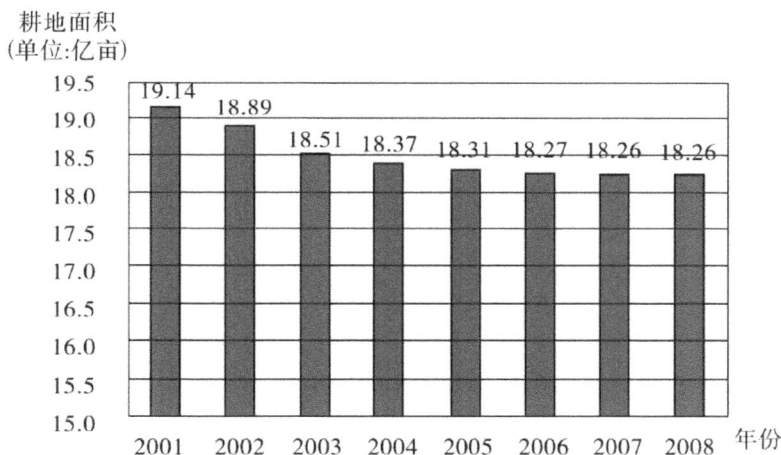

图 3-2 我国 2001～2008 年全国耕地面积变化情况

在农村土地流转的实践过程中，为了追求经济利益，流转后的土地有可能由农用土地转化为收益更高的工商业用地或建设用地，农村耕地保护存在安全隐患。

很多地方在进行土地流转时，由于缺乏准确评估占补平衡标准的机制，对土地总体规划利用指标的限制不力和村庄建设缺乏有效合理的规划等原因，存在许多改变耕地用途的现象。特别是靠近集镇、交通发达地方的农用土地，未经批准就被改变其用途，而对这种行为又没有强有力的措施予以治理和恢复原种植条件，只以罚款了事，导致随意改变耕地用途的现象愈演愈烈。

2．存在粮食安全隐患

粮食既是关系国计民生和国家经济安全的重要战略物资，也是人民群众最基本的生活资料。我国人多地少，耕地仅占世界的10%，人口却占世界的22%，十几亿人的粮食问题始终是头等大事。随着耕地面积的逐年减少，尤其是土地流转后的非粮化现象，粮食安全面临着严重的挑战。

2010年8月18日，联合国世界粮食计划署公布了"2010年粮食安全风险指数"，这份数据是针对全球163个经济体进行的调查研究，中国排名第96位，被列为"中度风险"的国家。由于国家对土地用途的管制，很多地方在进行土地流转时仍能坚持"农地农用"的原则。

不过，虽然土地流转以后其用途仍属于农业范畴，但由于经济作物和畜牧业等种植业、养殖业的收益高于粮食种植业，原来种粮的土地很有可能转向蔬菜、水果、花卉等高效经济作物和养殖业的经营。在社会主义市场经济条件下，要素的流动一般是从低收益向高收益流动，土地要素也不例外。对产出最大化的追求导致了土地流转中非粮化现象的出现，使得粮食种植缺乏保障，存在粮食安全隐患。

（三）农村土地流转程序不规范，存在纠纷隐患

1．许多农民之间的相互流转不规范。农民受自身文化素质的局限，法律意识欠缺，另一方面受传统习俗和人情世故的影响，磨不开脸面坐下来和邻里乡亲签合同。因此，农户之间的土地流转多是以口头约定、书面协议的形式出现，而很少签订正式的书面合同。

2．农户与企业、公司所签合同缺乏法律依据。一些地方农民手中连自己承包土地的经营权证都没有，与公司签订流转合同时只凭口说，缺乏权证依据合同，即缺乏有法律效力的合同。签订这样的合同无疑会给双方都带来极大的风险。

3．在土地流转所签订的合同中，有许多合同文本既不规范，也未经司法鉴证，甚至有些条款内容与国家法律法规和政策文件内容相抵触。没有规范的合同协议的约束，也就无法形成合法合理的行为权利与义务的约束，土地

流转因此失去了法律保障的依据。

4．相当数量的土地流转，既不向农经管理部门申报审批，也不向土地承包合同管理部门登记备案。土地流转主体缺乏报集体批准备案的意识，认为私下协商、口头协议就可以进行流转，给今后留下了极大的纠纷隐患。

第五节 农村土地流转措施

一、规范农村土地流转管理

（一）完善农村土地流转的政策法律法规

2011 年中央农村工作会议明确国家将研究出台一份专门针对农村土地承包经营权流转的指导意见，计划对流转土地"非农化""非粮化"等现象加强管理。可见，中央也意识到了应尽快制定专门针对农村土地流转的政策性文件，对全国的土地流转工作进行统一、规范的指导，明确规定流转土地的用途及奖惩机制等，以确保农业用地底线和粮食安全。同时，还应制定和完善农村土地承包经营权流转的相关法律法规，明确界定农村土地流转中的产权主体、产权性质，对农村土地流转方、流转受让方以及流转中介的权利义务关系、流转的原则和程序、流转期限和流转合同、流转权的保护及流转方式、争端解决和法律责任等做出明确规定，以确保土地流转平稳有序地进行。

（二）做好农村土地的规划和管理

十分珍惜、合理利用土地和切实保护耕地是中国的基本国策。国家为了落实这一基本政策设计了三大基本制度，即土地用途管制制度、占用耕地补偿制度和基本农田保护制度。虽然有三大基本制度，但在土地流转实践中还是存在种种问题，如耕地保护和粮食安全隐患。要保护耕地、确保国家粮食安全，就应该对土地流转进行科学规划，统筹安排，加强地籍管理和地力保护管理，改革和完善土地管理制度。

1．合理布局、科学规划

政府要根据当地农村经济发展的趋势，在尊重农民意愿的基础上，对所辖区域内的土地利用总体规划及农田保护、工业发展区、居民住宅以及公共服务区等进行合理布局，科学规划。

2．实行严格的土地用途管制

各级政府部门必须加大监管力度，严密监控流转土地的数量和用途，加强基本农田农业用途监管制度，确保粮食生产基本用地需要。一旦发现有擅自改变流转土地用途的，必须立即查处，追究当事人的相关责任。

3．加强地籍管理，建立土地档案

由土地管理部门对农村土地进行全面调查，明确土地数量、质量、位置、界限、用途等，即对土地数量进行统计丈量，对土地质量进行记载，对地貌进行记录，对土地肥力予以确认，对土地使用方向进行登记等。对调查结果进行登记，整理成为地籍档案资料，并妥善保管。

4．加强地力保护

地力，就是土地的生产能力，只有保护好土地才能维持其一定的生产能力。土地需要进行流转以实现土地集中及适度规模经营，但过于频繁的流转显然不利于土地的保护性使用。因此，政府应当制定科学的地力评估机制和地力保护机制，促进农户和集体经济组织保护地力的积极性，努力实现土地的可持续利用。改革土地管理制度必须有利于推动科学发展、促进社会和谐，必须遵循现代国家对土地利用和管理的一般规律，必须正视改革开放 30 年来已形成一套法律法规和政策体系的基本事实，只有这样才能做好土地的规划和管理工作。

（三）制定并执行科学合理的农村土地流转程序

在当前的土地流转工作中，应该制定并执行科学合理的土地流转程序。

1．要对农村集体土地和农民的承包地进行确权工作，即对集体土地所有权、农民承包土地的经营权以及林权、房屋所有权进行确权登记，明确产权，然后进行确权颁证，让农民手里拿到属于自己的各种有效权证。

2．严格按照法律法规规定的程序进行土地承包经营权流转。土地流转一定要报村集体的承包合同管理部门批准备案，必须签订正式的流转合同。流转合同应采用政府农业部门统一印制的规范性合同文本，并经司法鉴证。所签合同中必须明确规定土地流转的形式、数量、期限、流转双方权利义务及违约责任、有关赔偿条款、土地被征用后承租户损失补偿等内容，以避免以后发生纠纷，保证农户经济利益不受损失。

3. 设立专门的农村土地流转合同管理机构，派专人专项负责土地流转的合同审查、鉴证、登记、归档、调阅等管理工作，监督合同履行情况，加强流转后的动态管理，切实维护农户合法权益。

二、建立健全土地流转市场体系

（一）建立完善的土地流转市场

要发挥市场机制在配置农村土地资源中的基础性作用，促进土地承包经营权平稳健康发展，就必须有完善的土地流转市场。在农村土地流转中，土地供求信息在空间分布上极为分散，导致土地转让方与受让方之间的信息传递存在障碍，土地交易成本高，土地资源配置效率低。因此，应从实际出发，以承包农户为流转主体，以土地承包经营权为交易对象，建立健全专门的土地流转交易场所，即土地流转市场，组织、协调、指导土地承包经营权流转，解决信息传递问题，提高土地流转效率。

（二）加强土地流转中介组织建设

农村土地承包经营权流转的程序比较复杂，涉及估价、谈判、签约、鉴证、登记等众多环节的工作，违约后还要处理违约纠纷，以上这些事情非农户所能独立完成。日本的农地中介组织在农地流转中发挥了极其重要的作用，例如土地管理公司买进或者租进农地然后以优惠的方式出租或出卖给其他农民，极大地加快了农地流转的步伐。我们可以借鉴日本农地流转的经验，积极建立和发展价格评估机构、法律政策咨询机构、委托代理机构、合同管理机构、土地融资机构、农业保险机构及土地流转仲裁机构等服务性组织，保证农村土地承包经营权的流转健康有序地进行。

采取各种政策措施鼓励农村自发形成服务组织，积极促进城市已经发展成熟的服务组织向农村业务扩展。同时，要尽快出台农村土地中介服务组织的行为规范及管理办法，如机构资质认证、人员资格审查、业务收费标准等，以保证流转中介服务组织的规范运作。此外，要注意保持中介组织的市场独立性，将其作为具有独立市场行为能力的经济主体来培育。国家可以在当前农地流转市场并不发达、中介需求量不大的情况下给予一些政策上的倾斜，如减少税费、提供人员培训便利和优惠条件等等，助推土地流转的进行。

（三）建立健全土地流转机制

1. 建立健全土地流转价格机制

土地价格是土地收益即地租的资本化，而土地流转价格实质上就是土地承包经营权价格。确定比较合理的、转出者可以接受且转入者有利可图的土地流转价格，既能通过价格的调节作用实现土地流转市场的供需平衡、优化土地资源配置，又能提高农户转出土地的积极性，促使他们向非农产业转移、向城镇转移。因此，农村土地流转必须坚持有偿流转原则，建立健全土地流转价格机制，确定合理的土地流转价格。

具体而言，要开展农用土地的分等定级工作，设立农用土地的评估机构，完善相应的评估制度，建立科学的土地承包经营权流转价格的评估体系。在综合考虑农地自身因素（位置、地力、流转年限等）、社会经济因素（经济发展水平、市场利率、公共设施、交通等）和国家政策因素（农业补助、土地利用规划等）等多种因素的情况下，制定土地承包经营权流转的指导价格或基准价格，并对其变化进行动态监测、定期更新和及时公布。还应规范土地流转市场秩序，制定土地承包经营权流转最低价格限制，加大对低价扰乱市场秩序行为的违法监督和查处力度。

2. 建立健全土地流转风险保障机制

土地承包经营权的流转存在风险，因此，在签订土地流转合同之前，应对土地投资经营者的资质进行严格的审查，审查其信用度和经济承担能力等。在签订土地流转合同时，应规定土地投资经营者每年都要缴纳一定的风险保证金，用以降低由于其经营不善而给土地转出方带来的风险。

同时，应在土地投资经营者缴纳的土地流转金中提取一定的使用保证金，用以降低在合同规定的经营期内、土地转出方单方面毁约而给土地投资经营者带来的风险。对于提取的风险保证金和使用保证金，应由当地土地流转管理机构进行管理，并在合同期满后按照双方所交纳的金额予以返还。此外，政府还应建立或支持建立土地流转担保公司，为农村土地流转提供风险担保服务，降低土地流转的风险。

3．建立健全土地流转纠纷解决机制

大力加强和完善以村级调解为基础、仲裁机构依法仲裁为主体、依法诉讼为补充的农村土地流转纠纷解决机制，并且从编制、经费上给予保证，以便及时处理土地流转过程中出现的各种纠纷。

首先，加快农村土地承包经营权纠纷预防机制的建设。明确土地"确权"的重要性，做好农户承包地的确权发证工作，妥善解决好土地遗留问题，避免土地流转过程中因承包地地界不清等原因出现土地纠纷。

其次，完善土地承包经营权流转纠纷解决机制。依法健全协商、调解、仲裁、诉讼为主要内容的多元化农村土地流转纠纷解决机制，及时处理土地流转中的矛盾纠纷，纠正和查处违背农民意愿、强迫流转等问题，确保把纠纷解决在当地，把矛盾化解在基层。

最后，设立农村土地承包经营权流转纠纷仲裁机构。各市可以成立农村土地流转纠纷仲裁委员会，各镇可以成立农村土地流转纠纷调解委员会，认真负责地对土地流转中发生的各种纠纷进行调解，促进土地健康流转，维护农村社会和谐稳定。

三、建立健全农业产业化经营体系

为了提高土地投资经营者流转土地和规模经营土地的积极性，必须提高农业劳动生产率，摆脱农业是社会效益高而经济效益低的弱质产业这一命题。提高农业劳动生产率有两个途径：一是让农村的剩余劳动力流向城市；二是让城市的资本和技术流向农村，将传统农业发展为现代农业。

　　而农业产业化经营模式可以从整体上推进传统农业向现代农业的转变，是加速农业现代化的有效途径。农业产业化是指以市场为导向，提高比较效益为中心，以主导产业、产品为重点，将生产、加工、销售有机结合，实现一体化经营的农业。农业产业化的实现，要求土地等生产要素合理流动、重新组合以达到适当规模的集中，同时，由于发展农业产业化经营，增强了农产品的市场竞争力，提高了农业的比较效益，这有利于土地流转的进一步推进。

（一）实施科技兴农战略，提高农业比较效益

　　提高农业的比较效益，必须提高农业生产的科技水平以及科技在农业中的运用程度。

　　1．把农业科研投入放在公共财政支持的优先位置，提高农业科技在国家科技投入中的比重。

　　2．逐步加强高新技术的运用，改善农业的生产工具和生产条件，拓展农业的劳动对象和生产领域。

　　3．运用高科技为农业服务，提高对环境状况、自然和生物灾害的监测、预报以及预警的能力。

　　4．加快农业技术推广体系的建设，完善农技推广的社会化服务机制，鼓励各类农科教机构和社会力量参与多元化的农技推广服务，提高农民的科学素质，增强科技向现实生产力转化的能力。

（二）加大对农业的财政投入和金融支持

　　为了促进农业的规模经营和产业化发展，应制定财政、税收、金融等一系列扶持政策，加大对农业的财政投入和金融支持。

　　1．调整国民收入分配格局，国家财政支出、预算内固定资产投资和信贷投放，应按照存量适度调整、增量重点倾斜的原则，不断增加对农业和农村的投入。

　　2．扩大公共财政覆盖农村的范围，建立健全财政支农资金稳定增长机制；再次，提高耕地占用税税率，新增税收应主要用于"三农"工作。

3．加大扶持农业产业化发展资金的投入，支持农业经营大户、专业合作社和农业企业的发展，并通过农业企业资助农户参加农业保险。

4．通过创新信贷担保手段和担保办法，切实解决农业企业收购农产品资金不足的问题。

（三）改善农业基础设施建设

加大对农业基础设施建设的投入力度，改善农业生产条件，强化农机装备，消除水利工程安全隐患，提高农业减灾、抗灾和综合生产能力。加快农村道路建设，不断改善农产品运销条件，方便特色鲜活农产品快捷进入市场和加工车间。改善农村居住和生活环境，为农民生活创造良好的外部环境，提高农民生产积极性，为推动农户扩大土地经营规模、实现农业产业化积极创造外部条件。

（四）建立健全农业风险管理体系

农业面临的不确定性因素较多，风险成本很高，效益极其不稳定，因而要降低农业风险成本、提高农业经营效益，必须建立健全农业风险管理体系。农业生产的产前环节及产后环节面临的主要是市场风险和资产风险，而产中间环节面临的主要是自然风险和技术风险，所以在整个农业产业链中都要做好农业风险的管理工作，各个环节之间的风险管理措施要做到有效协调。

在实际工作中，可以综合运用各种手段对农业风险源头进行有效管理控制，具体可采取农作物保险、灾害救济、价格保护以及期货市场等措施来降低农业风险，减少农业生产波动。

四、促进农村剩余劳动力的转移

（一）建立城乡一体的户籍制度

通过户籍制度改革，逐步取消农村户口，建立以居住地登记为主要形式的城乡一体化户籍制度，改变城乡分割的二元结构，加快形成城乡统筹发展新格局，促进农村人口城市化和农村土地流转制度改革。

（二）发展农村教育，提高农民素质

加大农村义务教育和监督管理的投入，建立健全农民的职业技术教育和培训体系，不断提高农民的科学文化素质和劳动技能素质，提高农民的现代管理素质和市场营销能力，提高农民的职业技术水平和就业竞争能力，提高农民的市场经济参与能力，为农民选择不同的职业提供一定的保证。同时，多渠道筹措教育经费，为农民的教育和培训提供资金保证。通过鼓励有实力的企业自办培训机构的办法，为农民工提供免费的或低成本的职业培训，提高他们从事非农产业的竞争能力和增强他们在城市中的生活能力，从而活跃农民市场化流转土地的行为。

（三）建立统一的劳动力市场体系

取消现存城乡分割的劳动力市场，取消城市政府设置的农村劳动力市场进入性限制和地方就业保护，让企业自主合法地使用农民工。严格审核、清理农民进城务工就业的手续，取消专为农民设置的登记项目，逐步实行暂住证一证管理。同时，禁止非法或变换手法向农民工乱收费的行为。各行业和工种要求的技术资格、健康等条件，对农民工和城镇居民应一视同仁。逐步建立完善的就业服务网络和全国统一的劳动力市场，使农民有与城镇居民均等的就业机会和公平竞争的市场和法律环境。

（四）开辟多渠道的劳动力转移路径

政府要积极引导农民向非农产业转移、向城镇转移，为农户农地供给创造先决条件，减少土地规模经营的阻力。制定相应的农村劳动力转移规划和目标，大力拓展农村劳动力转移的空间，多渠道、多途径的将农村剩余劳动力转移出去。

（五）建立健全农村社会保障体系

要进一步推进土地流转，就必须积极稳定地推进农村社会保障制度改革。只有把土地的社会保障功能剥离，将农村的社会保障由依靠土地转为依靠社会和制度，才能弱化土地的社会政治稳定功能，真正地作为生产要素流转起来，发挥其经济功能。要推进土地流转，实施规模经营，必须根据当地的经济发展水平和人民群众的生活水平，进行综合配套改革，建立、健全农村医疗、养老、失业、生育、伤残等社会保障体系，让农民可以老有所养、病有所依，降低农民生存对土地的依赖程度。

1．建立起覆盖全体农民的最低生活保障。政府在制定农村反贫困政策与救济救助政策时，必须着重考虑老年人和妇女儿童等弱势群体。

2．建立针对外出务工经商人员的多层次社会保障体系

根据产业群体的分类，针对不同群体的需求层次来设计社会保障项目。针对有雇主的非农业群体，社会保障项目可以主要考虑养老、失业、工伤、生育、死亡、最低生活保障等项目。针对无雇主的农村非农产业群体，可以主要考虑养老、医疗、最低生活保障等最基本的项目。

3．设立农村贫困大学生助学基金

目前，在中国农村，子女的大学学费支出占据了农村家庭收入支出的绝大部分，而且在农村仍然存在着大量因贫困而无法上大学的孩子。设立农村贫困大学生助学基金将大大减轻贫困农户的经济负担，不仅可以逐步提高农村的人口素质，对农村经济的发展和农村土地承包经营权的流转也有着深远的意义。

第四章 农村土地信托制度

第一节 农村土地信托制度的概述

一、农村土地信托制度的客体

要理解我国农地信托制度的客体，要理解以下两个问题：信托土地的范围和土地信托制度的客体。根据我国《民法通则》《土地管理法》规定：除法律规定属国家所有外的上地均属集体土地。因此，集体土地的范围应当包括耕地，集体所有的荒地、林地、集体工业用地，农民宅基地、自留山、自留地等；对于集体土地，集体组织成员享有承包经营权，但是集体经济组织以外的单位或个人在经过三分之二以上村民或村民代表的同意下，才能享有承包经营权。可见，法律拟制了集体经济组织成员以外的单位或个人的集体成员身份，从而获得土地承包经营的权利。

我国农地信托的流转客体是土地承包经营权，同时由于承包权的身份特性，农地信托的客体应当是其经营权，农村土地信托法律关系是基于土地承包权人的委托，将土地经营权转移给受托人占有和使用而产生的。

二、建立和完善农地信托制度

（一）完善信托土地财产的审查

法律规定我国集体所有的土地包括耕地、村集体所有的荒地、林地以及村民的宅基地、自留山、自留地等。依据现行法律，我国土地信托制度的客体是土地承包经营权，自留山、自留地不准买卖、出租作为宅基地，同时禁止宅基地用作他途，在对信托土地财产审查时，应当严格明确信托土地的法律属性。

为防止农地信托权利的滥用，可以从以下两方面完善监管：

1. 对于村委会以集体名义进行信托的土地财产，应当经过三分之二以上的村民或是村民代表同意，才能委托信托机构进行经营管理。

2．对于个人信托的土地财产，个人应当持有土地承包经营权证，而信托机构有义务审查土地承包经营权证的有效性，并同时审查其主体身份的合法性，保证权证统一。

（二）完善政府对信托流转的监督

完善信托流转的可行性评估。土地信托事关广大农户的利益，决不能仅仅将其看作表面文章与形象工程，更不能以轻视的态度对待。政府相关部门应当对当地的土地信托的可行性做出科学评估，借鉴全国各地的实践经验，因地制宜。在信托流转过程中，应当遵循公平自愿的原则，严禁强制农户进行土地信托的违法行为发生。

对于以村集体名义进行的信托行为，相关政府部门应当审查其是否经过必要的程序，对于信托财产的收益是否进行了公示，以及其管理分配情况是否阳光化等等。

强化和严格经营者准入制度，对经营者的资质、能力、信誉进行严格审查；其次，实行流转的事前审查，包括流转各方的主体资质、流转方式以及农民权益保障的标准等。

（三）完善土地信托登记法律制度

1．结合我国《农村土地承包法》对农村土地流转登记的相关规定，应当从以下几个方面完善我国的农村土地信托登记制度：

首先，应当规定县级以上人民政府土地行政主管部门作为农地信托的登记机关。

其次，土地信托的登记范围包括：土地承包经营权人的姓名；受托人、经营者的名称和住所；信托农地的名称、用途、大小；信托农地的年限等内容。

最后，土地信托登记程序应当是农地使用权人向登记机关提供土地信托登记的材料并提出申请，如果申请人没有提供所需的材料，土地登记机关有义务告知申请人提供，如果不予登记，应当告知其不予登记的理由。

2．登记制度建设应当围绕登记机构、登记依据、登记记录和信息平台四方面进行建设，具体实施方法如下：

首先，完善土地法制法规建设，在法律法规、规章政策、技术规范等层面建立科学完整有效的法律制度。

其次，开设土地联席会议平台，切实听取各方面的意见与建议，做好信息互通，集思广益，充分发挥上级政府的指导作用与下级政府的实践作用；在推进统一登记过程中，有关部门可以联合执法，搭建统一的平台，简化程序手续，实现平稳有序统一。

最后，搭建农地流转信息平台，实现农地信托审批、交易和登记信息实时互通共享，提高政府行政效能，实现执法公开，充分保证登记制度的公开化、透明化，同时又可以有效地防止土地信托财产非法转租、一地多租等违法情况的发生。

（四）完善对信托行为的监管

2007 年 1 月 23 日，中国银监会颁布了《信托公司管理办法》，对信托机构管理的内容做了补充完善，增加了信托业务的内容等。我国法律规定，对于信托公司的监管机构是银监会。因此，银监会应当加快出台相应的管理办法，将农村土地信托纳入信托管理的体制当中，包括农地信托的业务范围，对经营者的监督措施等，例如严格限制利用土地信托进行风险性投资，特别是将土地所得收益用于房产、股票等风险性大的行业。

另外，应当遵循专地专用的原则，法律规定用于耕地的土地，严禁用作其他用途；对于其他土地用途的改变，应当征得土地所有权人的同意，并在县级以上土地管理部门备案。

农村土地信托有其不同于一般信托行为的特点：

1．委托方是广大农民，法制观念薄弱，权利自我保护意识不强。

2．信托行为在实践中具有极大的隐秘性，应当定期召开委托方会议，报告信托财产的使用经营情况，委托方发现受托方有违反信托约定的行为，可以依法行使自己前述的权利。

3. 信托公司的成立应当经过银监会的批准，包括公司的注册资金、名称、经营范围等，在成立后，应当定期报告公司的信托业务状况，定期提交信托财产报告，审核土地信托融资的条件等。

（五）建立完善土地信托中心监管

土地开发需要巨额资金，仅仅靠拨款、个人自有资金等途径往往满足不了需求。建立土地投资信托基金不仅可以有效解决土地开发资金不足的问题，还可以完善对土地流转的监管。成立农村土地信托中心，明确该中心由县政府、县政府以上土地行政主管部门、银监会等部门组成，在遵循法律的前提下，按照自愿有偿的原则，把农户分散的土地集中起来，以解决"无地有力开发、有力无地开发"的矛盾，在稳定承包权的基础土，加速经营权的流转，促进农村产业结构调整。

明确土地信托中心的职能，包括土地信息传递、土地中介职能、土地经营职能、土地监管职能等。

1. 土地信托中心对于受托的土地，如果自己使用，那么应当定期公开使用状况；如果转租给第三人使用，应当将第三人的使用资质，经营状况予以公开，以确保土地按照约定的方式使用。

2. 土地中介职能，是指土地信托中心可以定期召开投标招标会，将委托给自己的土地以公开的方式进行转租，同时又可以为供求双方提供机会，从而获得多赢；同时，土地信托机构可运用其信托基金自己开发利用土地，也可以引入其他资金融资开发，最大限度的发挥土地效益。

3. 土地信托中心应当定期对经营者的资格、经营业务、信誉度进行审查，以减少信托风险。

（六）建立完善经营者信誉评级制度

相关管理者应当定期对于经营者的信誉进行评级，以减少可能发生的风险。从行业进入看，因为不同信誉等级的经营者享有不同的信托业务经营资质，因而在经营业务范围、土地融资规模等方面有所区别；从经营过程看，信誉度降低的经营者，应当要求其采取相应保障措施，在一定期限内改善经营管理状况，如果在规定的期限内，经营状况继续恶化，可以降低其信誉等级或是启动强制经营者退出的管理制度，要求其暂停或是退出经营管理，待提供必要的担保或是有效的管理措施后，才可恢复其经营。

第二节 农村土地信托制度缺陷

一、立法缺陷

（一）法律对于集体所有权概念的定义模糊

我国土地分为国家所有与集体所有两种，集体土地包括集体所有的耕地、宅基地以及属于集体所有的林地、荒地与滩涂等。在现有的法律框架与制度下，集体土地存在着定义模糊、监管不足的种种弊病。

1. 应当将所有集体土地纳入监管范围之内，并且实行统一的登记管理制度。对于土地的利用分配予以公示，并且应当经过三分之二以上的成员或三分之二以上的村民代表同意，才能对土地进行处置。

2. 明确集体概念。当前我国存在集体概念模糊的窘状，《土地管理法》规定集体分为乡集体、村集体、村小组集体三级组织，而《民法通则》只规定了两级组织。因此，应当在立法方面将集体概念予以明确，将乡村权能加以细化，尤其应当明确监管职能，对于集体土地实施严格监管，例如对作为基本农田的土地严禁用于其他用途，对于出租转让的土地，未经批准不得更改土地使用用途。

3. 农村土地日常管理权实际掌握在村委会手中，由于农村在制度约束和民主监督方面存在着不足，在土地交易中时常发生暗箱操作的行为，不仅扰乱了正常的土地流转活动，更是农村干部腐败的根源之一。基层干部仗着自己手中的权力从中谋取利益，一些村干部在利益的驱使下，进行了诸如两田制和反租倒包的非法交易，甚至公然买卖集体土地的违法犯罪行为都时有发生，这些行为都是国家在法律和政策中所明确予以禁止的。

此外，借土地整理和开发的名义，在农村地区进行圈地的行为不在少数，比如温州市永嘉县岩头镇湾里村主任陈以散违章建造豪华别墅事件，以及广东陆丰市乌坎村长久积聚的矛盾爆发等。

（二）农村土地承包经营权的法律属性模糊

当前法律框架下，集体土地承载着两项权利：集体土地所有权和土地承包经营权。土地承包经营权是一项集物权、债权、身份权于一身的复合性权利。《土地管理法》规定土地承包经营权的主体为集体经济组织成员或是其他单位和个人，集体经济组织之外的单位或个人要取得承包经营权，应当经过三分之二以上的村民或村民代表同意，这表明了土地承包经营权的身份性特征。

完全物权化虽然赋予集体组织成员更大的土地权利，但是有违于我国的集体所有制政策，同时不利于保障我国的耕地底线。农地流转需要改变，同时，也应当坚守我国农用耕地的红线，农地问题是关系到我国粮袋子的社会问题，不应当片面追求经济效益。

因此，一方面可以将集体土地详细划分为农业耕地、集体企业生产用地、集体林地和荒地等，依据不同土地的不同性质，分别进行信托使用，使土地收益处于多层次监管之下。另一方面，可以强化土地的物权权能，细化土地承包经营权，促进土地流转。承包经营权是承包权与经营权两项权利相结合的一种权利，承包权利体现了该权利的身份性，具有物权的特征，而经营权则体现出更强的债权属性。

农村土地信托法律关系的客体应当是土地经营权的信托，因此，土地承包经营权明确与否是关系我国土地信托制度发展的一个重要因素。

（三）农民维权手段不足

当前，我国法律法规在维护农民权利方面还存在许多缺陷：

1. 在利益考虑方面，金钱利益优于土地利益。由于农民土地权利意识淡薄，投机者常常利用隐去己方义务增加农户义务的方法骗取土地利益，侵犯农民权益，而农民自我保护意识的缺乏和保护途径的缺失，在权利受到侵害时，往往找不到合理的方式加以解决。

2．在参与机制方面，农民主动性较低，决策权、监督权失位，缺乏对于农民权利的有效保护。流转前的征信机制未有效建立；流转后信息公开未落实。

3．在风险承担中，农民是土地信托的最终风险承担者。因此，应当明确土地信托行为是一种双方双务法律行为，农民不应当是最后的风险承担者，同时明确过错方所应承担的侵权责任。

4．在救济渠道方面，当农民权利受到损害时，救济方式不明等。

（四）受托人的权利义务不明晰

在世界范围内，信托中的受托人可以是个人，也可以是法人。我国学者赵国平先生提出受托人应当是具有专业技能和资金的人的观点，其他学者提出应当将受托人限制为法人这个主体，更有学者从土地信托的长远发展考量，提出受托人应是专门的中介组织而不是银行兼职。

对于受托人的权利义务缺乏严格的限定。在土地信托中，受托人应当是尽一般注意义务还是尽最大的注意义务，受托人是否有排除收益人的权利以及排除权力的大小等方面，都充斥着理论上的争议。同时，这些权利与义务界限模糊，在实际操作中，极易造成委托人的信赖利益损失，基于上述种种隐忧，农村土地信托制度的前行显得举步维艰。

二、监管缺陷

（一）受托人信托行为监管缺失

从以往的信托实践中可知，我国的信托实践行为的实际实施效果不佳，实施中出现的问题缺乏有效的监管，一些人为了谋取不法利益，钻制度不足的空子，致使土地流转后，土地没有得到合法合理的利用，造成土地资源的浪费与损毁。

因此，我国农地信托应当严格对受托人的监管，包括对于受托人条件的监管，对于信托行为的监管。借鉴国外信托实践经验，信托公司应当是具备一定的经济实力，社会信誉度高，具备专业的土地管理技能的组织。

由于农地信托牵涉利益面范围广，因此不仅要提高经营者入门门槛，更应当严格把关经营门槛。受托人并不是获得土地的经营权利之后便可一劳永逸，对于受托土地的使用方向，应当严格按照土地属性实施，对于土地的使用去向，应当定期报告，实施多方位多层次的监管，确保土地得到合理合法的利用。

（二）农村土地承包经营权流转程序中的登记法律制度不完善

目前我国农村土地流转基本仍处于初级阶段，政府主管部门对于土地承包经营权的流转与监管不足，政府出台的管理办法也千差万别。各地虽进行了卓有成效的尝试，但大都是"摸着石头过河"，法律的缺失导致实践中农村土地流转混乱不堪的问题时有发生。

1．明确土地承包经营权的转让应当以登记为对抗要件，未经登记不得对抗第三人。当前农村土地流转的主要形式是转租和互换。当前我国法律并不要求登记为其变动的必备要件，在土地信托中，应当严格登记为其生效要件，未经登记不具备法律效力。

2．明确登记备案的部门，《土地管理法》规定县级以上人民政府土地行政主管部门为土地管理部门。由于土地信托中存在着权利的多次转让，因此完善登记法律制度更为重要。

信托土地不能得到合理利用，以及利用情况缺乏监督管理机制，势必会造成农村土地承包经营权监管主体缺失，监管程序混乱，进而导致农村土地承包经营权流转市场秩序混乱，使得承包经营户的权益受到侵害。为此，在完善相关土地法律并规范其流转程序时，设立农村土地承包经营权流转登记制度及服务监管制度已显得颇为紧要。

三、流转缺陷

（一）农村土地流转管理混乱，违法现象时有发生

随着经济社会的发展，越来越多的人开始把视线转向农地，过去相对安静的集体土地市场，近年来，引发的社会问题越来越多，突出表现是农村土

地的管理混乱。

一方面，实践中由于农村法制观念淡薄，自我权利保护意识不强，集体土地使用权的买卖集中于村委手中，而对于集体土地立法是我国立法中的一个薄弱环节，只有在《宪法》中明确规定了村委的责任以及监督机制，然而在实践中，此条法律条文基本是形同虚设，因此，出现了越来越多村委会贪腐问题。权力过度集中，利益分配不平衡，是导致当前农村社会矛盾突出的原因之一。

另一方面，农地在流转后没有相应的监督机制，主要表现在农地未按照合同约定用途使用，造成了土地资源不可挽回的损失。比如很多用于种植的土地、肥沃的农田，在合同签订后，承包人却用于资源开采或是建造工厂，造成了耕地资源的极大浪费，因此在土地流转信托中，要坚守专地专用，坚守农地红线。

（二）土地流转程序混乱，滋生腐败土壤

在我国农村土地流转实践当中，村集体内部成员流转往往仅仅通过口头协议的形式，使得双方约定的权利义务不能有效的固定下来，从而容易导致争议的发生。

一方面，土地流转缺乏有效的秩序，权力集中于村委会手中，村委会本来是土地利用的监督管理机构，由于缺乏有效的监管，权利过度集中，使得村委会在土地流转中起到了举足轻重的作用。

另一方面，对于已经流转的土地，其所得利益往往被村委会所控制，对于信托土地财产收益的管理、分配，没有公开透明的管理机制予以约束。土地交易的暗箱操作、地下交易行为严重，滋生腐败土壤，引发社会矛盾。

2011 年乌坎村事件的源头，便是村镇领导沆瀣一气，将村集体土地利益瓜分，引起人民群众的不满，进而升级到暴力事件。整个事件映射出我国在农村土地立法方面的不足，土地流转缺乏公正的程序，村务管理不够阳光，监督机制不完备，基层官员庇护现象严重等。

第三节 农村土地信托法律制度

一、委托人的权利

（一）知情权

委托人的知情权是指委托人将土地交由受托人管理，在一定的范围内有权要求受托人告知其土地使用用途的权利。土地信托人不直接参与土地经营，但是由于土地经营管理行为与信托人的利益息息相关，因此，赋予委托人必要的知情权是符合常理的。

委托人的知情权还表现在：委托人有权查阅信托土地经营收益状况的权利。委托人因为缺乏时间技术或是为了整合土地资源，将自己的财产交给拥有专业技术的受托人处理，来获取最大的经济利益，而对受托人最有效的监管方式便是对账目的查询监管，保证委托人的知情权，是保证信托行为的正常进行的必要手段之一。

（二）请求权

请求权是权利人请求义务人为或不为一定行为的权利，在土地信托关系中，集中表现为委托人请求受托人诚实履行合同义务或是请求过错方进行赔偿的权利，它包括物权请求权和债权请求权。

土地信托中的物权请求权，是指委托人请求非法占有使用自己土地，侵害其合法权利的不法侵害人返还财产、恢复原状、排除妨碍、消除危险的权利。其中，土地权利人应当是委托人，即土地承包经营权人，这是土地承包经营权的身份性决定的，不法侵害人可能是受托人也可能是第三人，权利人可以请求任何一方单独承担责任，也可以要求受托人与第三人承担连带责任。

土地信托中的债权请求权，指在土地承包经营权受到侵害并发生财产损害时，权利人要求侵害人进行赔偿的权利。由于信托双方发生的是合同行为，因此任何一方违反合同，另一方享有相应的债权请求权以弥补自己的损失。

信托行为是一种双方双务的有偿行为，因此，受托方不应当是简单的注意义务，而是必要的注意义务，积极的促成信托目的的实现。

（三）撤销权

合同法规定在重大误解、显失公平、欺诈或乘人之危的情形下订立的合同，委托人可以行使撤销权的权利。农地信托实践当中，由于农户法律意识淡薄，对于土地信托缺乏科学的认知，常常有欺诈行为发生，因而极大的挫败了农户土地信托的积极性。

法律在严格受托人和经营者准入制度的同时，应当同时严格其责任，保证委托人享有在上述情形中撤销的权利。当受托人隐瞒自己真实的财产状况或是用欺诈等方法订立合同时，土地委托人可以依法请求法院撤销委托合同，保护自己的权益。

如果受托人与第三人共同侵害受托人的权利，那么受托人可以以两者为共同被告，委托人可以请求撤销合同，并要求其赔偿损失。

（四）解除权

所谓解除权，是指当土地信托的受托人在经营管理土地时故意违约或是存在重大过失的，委托人依照信托合同的约定解除受托权利，或者申请人民法院解除受托合同。

合同达成，双方应当共同积极促成合同目的的实现。双方达成合意，应当积极的促成合同目的的实现，只有当一方出现违约情形，或是由于不可抗力的原因发生时，委托人才可以行使自己的合同解除权。

合同解除权不应当随意行使，合同达成双方必然为合同的履行付出了一定的财力物力，土地信托合同也不例外，所以解除权不应当被任意行使，而行使时，对于无过错方为合同履行所支出的必要费用应当予以赔偿。

二、委托人的义务

（一）转移土地承包经营权的义务

土地承包经营权具有极强的身份性特征，可分为承包权和经营权，严格意义上转移承包经营权的义务即是转移经营权的义务。土地信托关系成立后，任何一方都应当履行义务，以促进合同的履行，委托方应当按照约定转移自己的经营权给受托方，受托方本着诚信的原则，对土地进行经营管理。

土地承包经营权的转移应当遵守民法中物权转移的一般规则，因此，作为信托财产的土地承包经营权的转移通过登记的形式实现的，未经登记不发生法律效力。

（二）支付委托费用的义务

受托方接受委托方委托，忠诚地为委托方处理委托事务，并且有请求报酬的权利，委托方相应的有支付报酬的义务。这说明了土地信托是一种有偿双务法律行为。由于受托方管理使用土地，委托费用可以以预先支付或是在土地收益中加计扣除等方式收取。

（三）告知的义务

由于受托方可能不是土地的直接承包经营者，因此当土地财产发生变动或是其他一些法律事实发生时，受托方可能是最后知道的一方，如果没有及时告知，还可能造成经济的损失和资源的浪费，所以参照保险法投保人的相关义务建设，委托方在信托财产发生变动时，应当负有必要的告知义务。

三、受托人的权利

（一）受托人的经营管理权

受托人在合同约定的范围内享有自主经营的权利，这种权利可以不受委托人的干涉，受托人运用专业技能和资金对土地进行开发利用，并有权就自己的商业秘密予以保密。

委托人享有知情的权利，但是仅限于对于土地的使用情况等方面，对于有关受托人的商业秘密，不享有知悉的权利。

虽然法律规定对土地所有权的归属做了种种限制，但是在现有的法律框架下，委托人和受托人的承包经营权利，仍有一定的运行空间。

（二）受托人的收益分割权

在土地信托关系中，如果委托人与受益人不发生混同，并且受益人为多人时，受托人在委托人授意下可以享有收益分割权。一般情形下，受托人应当按照委托人的意愿，征求其同意的情况下分配利益，但是当委托方死亡或是下落不明的情况下，应当遵循以下几点要求：

1．当有受益人请求分割信托财产时，如果该利益可以分割，那么委托人可以将该利益按约定或是平均分割，并分配给受益请求人的应得的财产份额。

2．如果该利益不具有可以分割的性质，那么受益请求人可以作价将该利益变卖，其他受益人享有同等条件下的优先购买权。

3．当该土地权利有权利负担时，受益人可以通过使其生效的方式排除该权利负担，并将剩余份额按约定或平均分配给受益人。

（三）排除和限制受益人的权利

英国《1996年土地委托和信托人任命法》详细规定了排除和限制受益人的权利。英国法律规定土地受托人具有在管理委托人财产及其信托财产收益方面较大的权利，而对于受益人的权利加以适当的限制。

这是因为受托人是在委托人的直接授权下管理委托事务，并且在土地信托合同关系中，受托人获得了仅次于委托人的关于土地的各项权利，而受益人获得的是从信托财产中获得收益的权利，其不直接参与经营管理行为，并且可能与信托财产无直接利害关系，赋予受托人的限制排除权利，可以更好地运用管理信托财产，避免了信托财产上的权利混淆。

受益人是基于委托人的指定而从信托财产上获得利益的人，受益人对于信托财产没有直接的使用处分权利，同时受益人与委托人之间没有直接的利益关系。因此，严格限制和排除受益人对于信托财产的干扰行为，并且当受益人的行为对信托财产本身造成危害时，受托人可以排除受益人对于信托财产的权利并在委托人授意下，排除和限制受益人受益的权利。

受托人在土地信托中行使的权力内容包括原土地承包经营权剩余期限内的所有权利。

四、受托人的义务

（一）受托人的一般义务

受托人应当保证委托人查阅会计账目和信托合同的权利，并对委托人提出的有关信托财产经营情况、收益情况等进行说明；必须亲自履行的义务，不得任意的进行转委托，如果事情紧急，为了维护委托人的利益，可以先进行转委托，但是事后应当及时通知委托人，如果有一个受托人不当行使委托事务，损害了委托人的利益，那么所有受托人应当承担连带责任。

（二）受托人的注意义务

在土地信托受托人义务规定中，注意义务是信托行为履行的前提之一，信托行为的本身是一种合同行为，受托人只有忠实地履行了自己的义务才能保证合同目的实现，而尽可能地为委托人和受益人的利益考虑，不仅是其义务之一，也是合同履行的内在要求。

在土地经营管理中，受托人的注意义务包括：土地投资使用当中，保持信托土地财产完好性的义务，此处的完好性是指不得私自改变或是允许他人改变信托土地的属性，以及在使用当中，土地价值发生改变或是发生其他相同情形时，受托人应当在必要的期间内通知委托；应当审查使用方是否符合使用经营条件，进行必要的审查的义务。以防止土地被不恰当的滥用，给委托方造成无法弥补的损失。

（三）受托人的忠实义务

受托人应当按照合同约定履行自己的义务，并且忠诚于委托人，诚信的为委托人管理信托财产，谋取利益，这就是受托人的忠实义务。农地信托有其不同于其他信托行为，甚至是其他土地信托行为的特殊属性，农地的合理使用是我国坚守粮食红线的前提，也是我国多年来一直没有放开土地承包经营权的原因之一，因此在农地信托制度中受托人的忠实义务有着举足轻重地位。

受托人应当依照合同履行约定，为受益人谋取最大的利益，禁止受托人与他人串通损害委托人的利益，这是以法律的形式规定了受托方的忠实义务。受托人利用信托财产为自己谋取利益的，所得利益对于受托人为不当得利，应当归属于信托财产。

土地信托行为类似于合同中的行纪行为，在行纪合同中，对于超越当事人约定的部分归属委托人所有。在土地信托中，为了促进土地流转，提高土地的合理使用，对于超过当事人约定的收益部分，可以约定归属。

土地信托中，对于利用土地信托行为随意改变农地的使用用途，从而造成了委托方损失的行为，应当依法予以赔偿。对于侵害委托方利益，情节特别严重的行为，应当追求其刑事责任。

如果土地信托流转中受托人超越自己权限对土地进行处分而获得利益的，由于受托方获得的仅仅是土地的用益物权，所以对于土地的交易行为是一种无权代理行为，那么其获取的不当利益属于非法利益，应依法予以追缴，对于违约方应当承担对受害各方的赔偿责任。

（四）受托人的告知义务

虽然在委托人权力体系中规定了知情权，但是在农地信托中，委托人可能很难及时了解土地状况的改变以及使用状况的改变，因此对于以上情况发生变化时，受托人应当及时告知信托财产的权利人。对于未予以履行及时告知义务而造成的损失，受托人应当承担必要的责任。

（五）信托财产保管义务

所谓财产保管义务，是指受托人应当将信托财产及其收益与自己及他人的财产相分离，并且进行妥善保管，本着诚信的原则，在条件或是期限到来时，将利益交由受益人的义务。

同时，受托人财产应独立于信托财产，即受托人应当将委托财产与自己的财产严格区分，防止混同而谋取非法利益。我国法律明确规定，信托财产不属于受托人的财产，在发生受托人解散、死亡等情形时，不得作为遗产发生继承。

自我交易禁止借鉴了"公司法"中公司法人财产独立制度的规定，其目的仍然是防止信托财产与受托人的财产相混同，也防止信托财产与其他财产相混同，建立独立的信托财产管理制度，严禁受托人进行自我交易。

财产保管义务的确立，有利于保护委托方的利益，避免由于受托方的原因而财产混同，导致委托方信赖利益受损，同时避免了委托方破产而对受托方财产的损害。

第五章 农地三权分置研究

第一节 三权分置概述

一、农地的概念与属性

我国现行《农村土地承包法》第二条界定了农村土地的概念，农村土地是指农民集体所有和国家所有依法由农民集体使用的耕地、林地、草地，以及其他依法用于农业的土地。这一法定概念界定了耕地、林地、草地三类具体的农地类型，同时以"其他依法用于农业的土地"从用途上对农地的解释做了限定性的规定。该规定存在"模糊"的理解，"农业"是宽泛的概念，通常的理解但凡涉及"农"的要素，都可以成为"农业"。

但是，从本法的功能性指向来看，应是强调"农业生产"的土地，才可称之为"农地"。农村土地除了本身就具有的自然属性，还具有很强的"农业"属性，这种"农业"属性主要依赖于地表的土壤而展开，而地下的矿藏不属于农业的范畴，比如在耕地、林地、草地之上进行农桑活动时，其便是"用于农业"的土地，而在耕地、林地、草地之下进行采矿活动时，其就不属于"用于农业"的土地。

土地是地球表面疏松的、有肥力的、可以生长植物的表层部分；是不包括水面的纯陆地部分；包括陆地和陆地水面；土是自然、文化、经济社会的综合体。从这些不同认识中可以印证土地具有自然属性和社会属性，前面三个方面都是指向土地的自然属性，而第四方面中的"文化、经济"描述了土地的社会属性。

土地客观表现出来的是自然属性。土地是自然界的客观存在物，它可以被人们真实地感知到，土地是由其中的沙子、石头、泥、水、生物、矿产等单项自然资源组合而成的，从"地母"这一词语中体现了土地具有孕育万物能力的朴素观念。在基础食物链中，土地孕育植物，植物喂养了动物，即地表土壤的肥沃程度决定不同种类植物生长与否，也是陆地上动植物赖以生存的物质条件。

土地被主观地赋予了社会属性。先民社会时期的人类就意识到土地能够"孕育万物"，并逐步地出现了刀耕火种、驯养家畜等早期社会化活动，这可以被视为农牧文明的发端。马克思在论述劳动不是物质财富的唯一源泉时，引用了威廉·配第的名言，"劳动是物质财富之父，土地是其之母"。威廉·配第的这句名言很好地描述了人类的劳动和自然的土地结合起来所产生的巨大财富，这是最原始的人力资本和物力资本结合创造财富的例证。劳动（人力资本）和土地（物力资本）的"结合"，也就是剩余价值的出现和分配，标志着人类朴素的私有观念形成的开始，也逐渐地给土地赋予了社会属性。土地作为人类生存和发展的物质基础，随着人类社会的形成和发展，逐渐地被赋予独特的"农业、生存、可持续"的社会属性。

"农地"作为土地的一种，是按照功能区分的称谓，体现的是具有"农耕""农村""农民"等性质的土地，其本质上仍然是土地，具有土地的自然属性，其与其他类型的土地相区别的要素之一就是具备了鲜明的社会属性。随着人类在土地上的活动，人们在土地上的持续投入也开始有了社会意识上的区分，形成了耕地、牧地、林地等不同功能的土地类型，而这些基本上都是集中在农村，因此在观念上形成了农村土地的主要类型，归根到底是用于"农业"。同样，"城市"作为"农村"的对称，其土地主要用于建设居住、办公、休闲、交通、商用等设施，归根到底是用于"建设"。

一开始土地仅具有自然属性，而一旦被称为农村土地和城市土地、私有土地和公有土地、集体土地和国有土地等时，就被烙上了相应的社会属性。从自然属性方面来看，农地主要是指农村物理空间中的地表土壤层，并不包括地下的矿藏等，其主要用途是耕种；在社会属性方面，农地主要是指与农业、农民、农村等涉及"农耕"因素的土地，其主体主要是以农村户口作为身份限制。农地归根到底是土地，不会因为称谓的变化而改变其自然属性，相反，称谓的变化反映了其社会属性，当我们使用"农地"一词时，已经不知不觉地承认了其社会属性。

二、农地"三权"的地位

顾名思义，"三权分置"是指三项权利各自独立，而不是相互交叠。在城市化快速推进，农村人口锐减，农村劳动力大量外流的背景下，农业现代化、工业化不断加速推进的进程中，顶层设计者在土地权利结构中构建了"所有权、承包权、经营权"的新型农地权利结构。从当前的土地权利形态来看，土地上的权利最开始是"三权一体"的，后来变成"两权分离"（土地所有权和土地承包经营权），现在已经形成"三权分置"（土地所有权、土地承包权、土地经营权）。

受到权能分离理论影响，有学者认为土地经营权只是权能，而不是独立的民事权利，土地承包经营权作为母权利，派生出土地经营权能，而并不改变土地承包经营权的性质，土地承包经营权不能变性为土地承包权。这类思维在土地所有权和土地承包经营权"两权分离"时也出现过，当时有学者认为土地承包经营权是从土地所有权中派生出来的。在理解权能分离理论时，应该注意一个关键问题——权能不能再分，如果权能可以再进行细分，那么该权能存在成为独立权利的可能性。

权利的结构是被设计出来的，它不仅能够被"合成"，还能够被"分解"，即终端单项权能合成权利束，原始权利束分解为单项权能。除了自然权利以外，诸多权利是社会审慎构建的结果，比如"财产权不是自然权利，而是社会审慎的建构""经营权毕竟也是社会审慎构建的权利束"。因此，在"审慎构建权利"的视野下，能够很好地解释农地权利结构的"人为式构建"。我国农村集体土地和罗马氏族集体土地所有权，产生的实质都是源自公法领域的一种政治性安排，并非基于意思自治基础的自发产物。

"三权分置"的制度创新能够实现"集体所有、农民承包、多元经营"的效果，这就要求农地的三种权利是独立的、平行的，而不是交叉的，彼此之间必须要有明确的权利边界。如下图 5-1 所示，农地所有权、农地承包权、农地经营权共同构成了农地"产权束"（农地财产权利束），三类权利"平行"配置、互不为上下位权利与权能，每一项权利都有其各自的权能形态。因此，顶层设计者构建的农地"产权束"中的农地所有权、农地承包权、农地经营权不仅是独立的民事权利形态，而且其权利主体也是多元的。

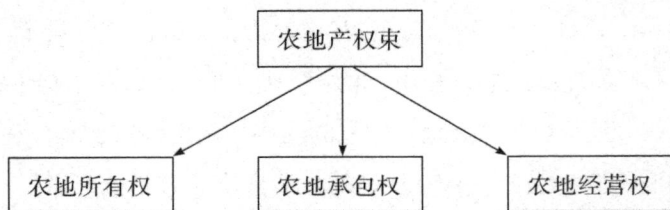

图 5-1 农地权属结构

三、农地"三权"主体关系互动

农地"三权分置"的三项权利对应三类权利主体，即农地所有权人（农村集体）、农地承包权人（农民）、农地经营权人（农民）。虽然三项权利是独立的，但三类权利主体是互动的，在法律形态上的权利主体也是独立的，但在实际上却存在权利主体重合的情况，因为自然人与权利并非一一对应，而是"一对多"的情形，一个自然人可以享有不同的权利，成为不同类型的权利主体。以农民为例，图 5-2 中农民既可以是农地承包经营权人，也可以是农地经营权人，这是目前实践中很常见的情况；而图 5-3 中农民和经营者是不同的主体。农地所有权人是农村集体，农地承包权人是农民，农地经营权人是多元的，它们之间的互动关系形成一个网络。

农地权利主体的"直线型"互动关系，这种情况主要出现在农民作为农地承包权人和经营权人主体时（如下图 5-2 所示）。农村集体作为发包方，农民作为承包方和经营者，除了发包与承包的关系，还存在监督与被监督的关系。但农地所有权人并不是监督承包权人，因为农地承包权人必须具有农民这一单一的身份限制，农地承包权并不要求权利人在农地之上实施某种生产性活动。然而，农地经营权要求权利人在农地之上实施某种生产性活动，如此便存在变更农地功能的风险，尤其是农地撂荒的情况，因而需要对其加以监督。

图 5-2 农地权利主体互动关系（1）

农地权利主体的"经营权人主体不一致时呈三角形"互动关系，这种情况主要出现在农地承包权人，也就是存在农村集体、农民、非农民（指不具有农村户口的自然人）三类不同的主体的情形（如下图 5-3 所示）。

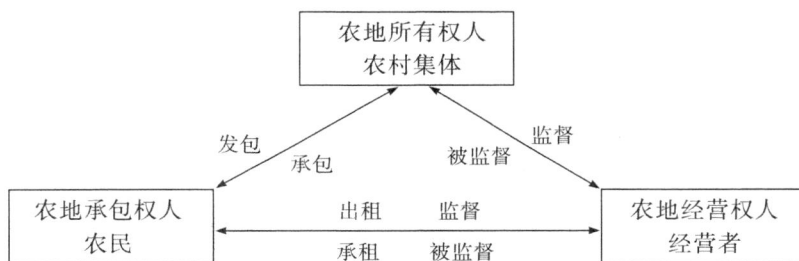

图 5-3 农地权利主体互动关系（2）

农村集体将农地发包出去，农民作为承包权主体从农村集体承包农地，再以出租的方式流转给经营者，经营者并不能直接从农村集体处承包农地，而是只能从农民处承租农地，获得该宗农地的经营权，成为经营权主体。农民并不直接对其承包的农地实施某种活动，农村集体监督直接对经营者的生产性活动和撂荒的情形加以监督。

此外，农民也会对经营者进行监督，这种监督与农村集体的监督不同之处在于，其要求经营者必须按照"契约"（合同）上的约定经营农地，不得超出对经营权期限、经营方式等具体事项的约定。这里的双重监督符合"契约内部自由和外部限制"的精神内核。即农地承包权人与农地经营权人之间的"完全和充分的自由意志"必须在法律上得到尊重，然而这种"自由"又必须是有边界的，其边界必须是来自于"外部环境"——农地公有制。

无论在"直线型"互动关系中，还是在"三角型"互动关系中，农地所有权人和农地经营权人之间并不直接发生"契约"关系，而仅仅是存在监督与被监督的关系，"契约"关系仅仅发生在农地所有权人和农地承包权人之间、农地承包权人和农地经营权人之间。

第二节　农地三权分置制度建设

一、明确"三权"的权利主体

"三权分置"结构中的主体必须明确，如果存在模糊地带，很可能会导致三权分置制度异化，即必须要坚持农地所有权主体的"集体化"、农地承包权的"专农化"、农地经营权主体的"多元化"，集体化、专农化、多元化应成为"三权"的权利主体的根本标志。

（一）集体化的农地所有权主体

集体化的农地所有权主体是要求农地所有权主体必须是农村集体，既不是私有化给农民，也不能国有化归国家（政府）。诚如布洛克所言："通过过去来理解现在，通过现在来理解过去。"在我国历史上，曾经出现过农地国有化和私有化的交替更迭现象。

农地所有权人必须是农村集体，这种审慎构建是一种制度安排，实际上是将农地所有权视为公有制下的权利结构，在法律上并不承认农地所有权的私有性质，以此防止新的"圈地运动"及"四海无闲田，农夫犹饿死"的土地兼并之风。我国历史上的"农民起义"在很大程度上是因为土地问题，这从历史上的李自成提出的"均田免粮"口号、太平天国时期《天朝田亩制度》提出的"有田同耕"、工农红军在土地革命战争时期提出的"打土豪，分田地"等历史事实中都可以得到印证，这些历史事实折射出土地在我国的重要性。历史上的各种"平均分配土地""人人有田耕"到最后都使土地沦为私人的资财，成就了"大地主"，这与"普天之下，莫非王土"的私人权力意识有密切关系。反观之，以农地由农村集体所有为基础构建的土地制度，能够很好地防范"土地私有化陷阱"。

从我国历代土地法律制度变迁中可以看出，在实行农村土地集体所有制之前，无论是所谓的"国有制"，还是"私有化"，都深受"普天之下，莫非王土"观念的影响。由于国家社会制度不一样，在"家天下"的影响下，并不存在真正的土地"权利"，反而折射的是基于土地之上的"权力"。因此，在社会主义中，在法治范畴中构建"三权分置"时，必须将农地所有权主体打下"集体化"的烙印，而不能将农地"国有化"。因为国有化的土地仍然是由各级政府代为行使权利，而当前的土地财政已经在一定程度上反映了诸多弊端。从目前的实际情况出发，"集体"应该以"村"的形式表达为最优的选择。

（二）专农化的农地承包权主体

无论是土地私有制还是公有制，最主要的目的都是通过土地保障农民生存、生活、发展。然而，土地私有制和土地公有制在社会整体效率和成本上有较大的差别。虽然在同等的初始"社会情境"下，实行土地私有制能够在较短的时间内，激发人的创造能力，创造巨大的财富；但是从长远来看，由于个体能力的差异，个体之间的财富差距会越来越大，在资本支配力的作用下，不可避免地会形成"大地主"，导致失地者越来越多。

为了解决失地者的基本生存问题，必须由国家以社会保障的方式进行救济，当这一救济再也无法解决因失地者造成的各种社会矛盾时，将会掀起新的一轮"旧制度之下自发形成的大革命"，此时会造成巨大的社会成本。而实行土地公有制，虽然无法像实行土地私有制那样在短时间内就能见到效果，甚至还会因为对个人私权的限制而引来诸多诟病，但从可持续的角度看，其更具有制度优势，在承认个体能力差异的客观情况下，提前通过制度设计防止形成"大地主"，保证不至于出现大量的失地者（理论上不会出现失地者），不至于因失地者而引发社会保障制度危机，或者出现更为严重的"革命式"运动，更能节约整体社会成本，也更具有效率性。

客观来说，土地私有制具有"见效快"的特点，而土地公有制具有"可持续"的特点。最好的路径选择就是能够在"可持续"的前提下"见效快"，这意味着需要在土地公有制之中构建私有性质的权利。

在农地三权分置的框架中，将农地所有权配置给农村集体，能够保持农地公有制，防止农地私有的"入侵"，保证"可持续"的基础。农地经营权作为完整的私权，能够实现"见效快"的效果，介于公权和私权之间的农地承包权则起到了桥梁作用，而不至于引起所有权和经营权的激烈冲突。为了维持三种权利的"和谐共处"，必须将农地承包权的主体固定为"专农化"。

农地承包权人必须是农民，而不能是农民以外的任何主体，这也是基于历史经验教训而做出的制度安排。农地具有很强的社会属性，因此在权利主体上必须保证"农民"的绝对地位，而不能将"农民"排除出去。如果直接实现从农地所有权到农地经营权的"直通"，由于农民在资本实力上的弱势，其他资本大量涌入农村会将"农民"逐渐排挤出农地经营领域。保留农民在农地上的"承包权"，无论多少外来资本流入农村土地市场，必须从农民手中承包农地，这就保障了农民在农地上的控制权，以法律的形式强制保护了农民的权益，比如即便经营者和农户签订农地买卖合同，该合同也因违法而无效。

早期的农地承包经营权，实际上是解决了农民承包集体农地自己耕种的情况，这确实是一种智慧的权利制度设计，但并未考虑农民承包集体农地以后自己不耕种的情况，当时的社会情境足以认定农民并不会作为劳动力流出农村，而是像历史上的农耕文明中的农民一样绝对依赖土地。因此，在三权分置中解构农地承包经营权时，并未排除"承包权"的内容，反而是保留了承包权，这考虑了"农民"在农地上的绝对地位，也从制度上保障了"耕者有其田"。如此，法律上确定了农地所有权属于农村集体所有，一方面稳固了公有制，另一方面保障了农民基本生存，具有切实的实践意义。

（三）多元化的农地经营权主体

农地承包权已经能够解决农民在农地上的"权利永固"，农地经营权作为完整的私有权，其经营权主体可以是多元的，如此并不会因为农地经营权主体的多元化而导致农民丧失其土地上的权利。放开农地经营权主体的限制，能够最大化地激活农地的资本效应和增值功能。农地经营权作为一种新的制度安排，极大地扩展了农地流转的范围，也加速了农地流转的速度，提高了有限的土地资源的配置效率，形成新型的农业经营方式，产生规模经济效益。

从性质上来说，农地经营权主体，既可以是农民，也可以不是农民。在我国农耕文明的发展进程中，农民一直是事实上的农地经营者，新中国成立以后到目前为止，制度设计的三次变迁也是把农民作为第一位的农地经营者对待，从某种程度上而言农民是当然的农地经营权人。而今的农地三权分置的制度设计，将经营权人的主体多元化，并不要求具备农村户口的身份，其都可以成为经营权人。从类型上而言，个体自然人和法律拟制人（公司和其他法律组织等）都可以成为农地经营权人，个体成为经营权人主要是以"家庭"为生产单位，法律拟制人成为农地经营权人主要是以"公司"为生产单位。虽然法律拟制人无法实际进行农业经营活动，但是其可以通过契约的形式，雇佣个体自然人进行具体农业经营活动。

二、法定"三权"的权利内容

农地三权分置的核心在于农地承包权和农地经营权，农地所有权在土地两权分离时就已经形成一种单独的权利形态，而农地承包权和农地经营权却混合为"农地承包经营权"，将农地承包经营权分解之后所需形成的独立权利，其内容需要重新配置，当然原有的农地所有权的内容配置可以作适当地修正。合理地配置农地"三权"的内容，直接决定着我国农村土地制度能否发挥出制度优势，影响着我国农业的绩效和粮食安全。农地三权分置中的农地所有权、农地承包权、农地经营权是三类权利，构成了"三权"的内容，但这三项具体的权利也有各自不同的内容，根据权能理论，每一项权利都可以划分出下一级权利，直到不可以再划分为止。

（一）农地所有权的内容

农地所有权包括了农地终端占有权和农地发包处分权。尽管农户基于农地承包权可以当然取得农村集体的农地，农村集体农地的最终控制权保留在村民小组、村集体、乡镇集体等形式的农村集体。如此，既可以提高农户从事农业经营的积极性，也可以使农户更加维护当前的土地制度，又不至于造成农村土地财产的两极分化。农地所有权的实现，就是让农村集体能够实现其对农地的绝对占有权和发包处分权。

（二）农地承包权的内容

农地承包权作为一项"资格权"，具有很强的"身份性"，它要求其权利主体必须要具备农村户籍。从农地承包权自身而言，权利要得到实现，必须要存在符合条件的资格主体。

（三）农地经营权的内容

农地经营权可以通过抵押、入股、信托等形式实现，但其不可能处于被流转无限循环中，其最终依然是通过在农地上投入劳动（人力资本）和资料（物力资本）来创造新财富而将其实现。该项权利的实现应当限于"农业生产"领域，而不能扩展到农业生产领域以外。经营权的实现可分为以农民为代表的"个体农耕"和以公司为代表的"规模经营"两种类型，在相当长时期内，两种类型会并存发展。当前，在三权分置制度构建、权利配置的初期，仍然以"个体农耕"的方式为主，随着农地经营权的流转，"规模经营"逐渐成为主导模式。

三、重塑农地权利的实现路径

权利的实现往往比权利的取得更为重要，如果权利无法实现，那么与没有权利的处境是一样的。要使农地"三权"的各权利主体的权利都能够顺利实现，就必须建立起有效地实现机制，畅通权利人实现权利的路径，有必要在原有的"路径"基础上进行重塑。

（一）农地所有权的实现

1. 解决农村集体明晰化的问题

从《土地管理法》第十条来看，农村集体有"村集体（村集体经济组织或村民委员会）、村民小组、乡（镇）农村集体"三种形式。在农地三权分置结构中应进一步明确所有权人的具体身份。一般而言，"农民集体"或"农村集体"可以被划分为村民小组、村、乡（镇）三级，这三级主体都可以被称为"集体"，也就是说农地所有权主体可以确定为村民小组、村抑或是乡（镇）。

这个问题实质上关系"农民个体对农地的控制力强弱程度"。从村民小组逐步上升到村、乡（镇），所覆盖的农村人口就越多，抽象性就越强，个人的作用就越小。村民小组的规模小，村民的个性能得到体现，但可能经常导致集体决策的无效率化；乡（镇）规模大，往往又会进行二次"集体化"，即选举村代表来行使乡（镇）集体的权限，如此无法有效保障公平正义；而农村既能够较好地平衡集体决策与个人作用之间的关系，村委会由农民代表组成，从切身利益的关切程度考虑，村集体所有权更加能够发挥和维持集体所有权的功能。

2．解决所有权地位平等问题

除了农村集体土地所有权，还存在国有土地使用权。在大多数情况下，这两种类型的所有权是互不干涉的，但是一旦涉及农地征用时，政府作为国有土地所有权人的代表，往往具有政治地位上的优势，村集体作为集体土地所有权人，不仅无法拒绝，而且必须积极配合征用工作的开展。集体土地所有权和国家土地所有权的各自权能内容都不同于个人所有权的权能内容，但是在权利位阶上是平等的，在将来的政府征用农村集体土地的程序上应该逐步优化相关程序和权利配置，农村集体所有权人应当有权拒绝集体土地的征用。

在优化土地征收程序上应体现以下内容：赋予被征农地所有权人拒绝被征收的权利，该权利赋予了被征地集体与政府谈判的筹码（注意并不是将该项权利赋予被征地农民，而是通过村集体召开全体村民大会的形式决定是否同意被征收）。尊重该精神内核，不仅防范了个别农民无理由拒绝被征收，而且将农村集体土地所有权人和国有土地所有权人置于平等的法律地位上。

其后续的征地补偿标准、征地用途都以可以按照市场来高效处理,真正实现市场在资源配置中起决定性作用。

3．畅通农地管理与监督渠道

在保障农地承包者、经营者对农村集体土地充分利用的前提下,要警惕权利主体的权利滥用。农村土地集体所有权人整体上依然由个体村民直接组成,要防范农地承包权人侵蚀农地所有权;农地经营权人是非农身份出现将成为趋势,多元化的经营主体中将以工商资本者为主,在资本逐利性的影响下,很容易出现侵损农地的情况,要监督农地经营权人不能随意撂荒农地,也不能改变农地的用途和功能。因而,有必要畅通农地的实际管理和实施监督渠道:

一方面,发挥农村集体在农地管理和监督上的主导地位,比如成立农村农地经营监督小组,从每个村民小组中选拔一位监督员,负责对本村集体成员流转出去的农地进行月度巡视,对于撂荒或意图撂荒的农地经营者发出通告,并且在《农村土地承包经营法》的修改中增加"农村集体对撂荒一年以上农地有权收回"的规定;

另一方面,发挥农民个体在农地管理和监督上的能动性,在《农村土地承包经营法》的修改中增加农地承包权人有监督其流转农地的义务,对于经营权者流转其农地而不展开经营活动、或明显是为了囤地而流转其农地的行为应及时向村集体或农地经营监督小组报告。

（二）农地承包权的实现

随着城镇化率的不断提高,农村人口不断减少,农地承包权存在被空置的风险,假设农村人口全部城镇化（实际上只要小到一定规模）,也就是说一旦取消农业户口,农地承包权的存在意义就不大了。这种"资格权"的使命就完成了。反过来说,当前农地承包权需要得以实现,就必须有适量的农民主体存在。然而,农地承包权无法通过继承的方式取得（目前,无论是农村户口还是非农户口,都不能继承农村户口的农地承包权）,也不能够终身享有（一旦农转非之后,便失去了农地承包权）,也不会永久消失（非转农之后，又可取得农地承包权）。这就要求同时进行相适应的户籍制度改革，畅通非农村户口和农村户口自由流动的渠道，在大力推进人口城镇化的同时，要大力推动人口农村化。2013 年"新型户籍制度改革"确立目标，重点是放开从村人口到城镇、城市落户的限制。这种户籍制度改革依然是"单向性"改革（即农村人口流向城市），这样的户籍改革并不利于农地承包权的实现，最佳的户籍制度改革应该是"双向性"的，即引导农村人口流向城市，也鼓励城市人口回归农村。

从实践情况看，只有具备农村户口，就当然享有承包农地的资格，任何主体都无法剥夺。农地承包权的实现相对完善。农地承包权人可以自己经营所承包的农地，作为农地经营权人直接实现农地承包权和农地经营权；还可以通过农地流转的方式，将所承包的农地租赁给经营者，通过收取"租金"获得一定的财产性收益。

总而言之，农地承包权的实现不仅要从农地所有权人处取得农地，而且还需要从农地经营权人处获得"租金"（当农地承包权人和农地经营权人是同一个体，农地经营权和农地承包权在农民身上发生了"祸合"，支付和收取"租金"并不那么明显，但权利"祸合"并不妨碍两种权利的独立存在）才能够实现，缺一不可。不过，农地承包经营权作为农地制度设计的产物，相对容易实现。

（三）农地经营权的实现

在个体农耕模式中，农民同时兼具农地承包权人和农地经营权人的身份，这种情况与以前的"土地承包经营权"没有本质上的区别。农民在其承包的农地上什么时候耕种、耕种什么、如何耕种以及运用何种农业技术，都由自己决定。在农业文明的发展和变迁中，我国农业生产从未改变"个体农耕"的形式，随着农地三权分置的制度的完善和运行，"个体农耕"在未来可能将会被边缘化。在规模经营模式中，公司法人成为农地经营权人，公司雇佣农民进行农业生产活动，公司与农民之间存在的是契约关系，此时农民不以承包权人（即使事实上农民将其农地流转给了其所在的公司）的身份出现，但这并不意味着农民的农地承包权"消失"了，其同时具备"农地承包权人"和"公司员工"两种身份，只不过在不同的契约法律关系中以不同的身份出现。

当农民以农地承包权人身份出现时，其依据的"农地流转"契约法律关系，农地承包者可以向农地经营者（公司）索取农地流转的"对价"，并监督农地经营者必须按照流转合同的约定范围内行使其经营权。当农民以公司员工身份出现时，根据的是"劳动"契约法律关系，劳动者享有劳动法上的权利义务以外，不得以农地承包权人的地位干预农地经营者的农地经营活动的任何决策，而是应当按照公司员工岗位职责开展其工作，并接受公司对于员工的监督。

总而言之，法人和农民作为两种不同法律关系的主体在不同的法律关系中应享有不同的权利和义务。

第三节 农村承包土地三权分置存在问题

一、集体所有权与承包权的冲突问题

（一）集体所有权对农户承包权的侵犯

理论上，集体土地所有权的实现应该是在集体成员通过规定程序共同形成决议的基础上，由集体土地所有权主体代为行使所有权。通常情况下是村民委员会来行使，而目前的农村土地承包制度中规定土地承包经营权则由农户直接行使，主体不同，不可避免的就会在两种权利的行使中产生冲突。

集体所有权对农户承包经营权的侵犯时有发生，危及一些地方农村社会稳定。早期主要体现为多留机动地，频繁调整土地承包关系，不少地方没有将承包期延长到中央规定的 15 年、30 年。后来主要体现为通过"两田制"和"反租倒包"，以壮大集体经济、增加集体经济组织收入之名，行加重农民负担之实。这种冲突尤其体现在农村土地流转的过程中，集体为了招商引

资、发展规模经营，通过各种方式对农民自发流转经营权进行限制，或者强制农民流转，强迫农民将土地承包经营权入股、入社。这些情况的反复出现，都是对农户承包经营权的侵犯。

《农村土地承包法》以及农业部《农村土地承包经营权流转管理办法》中均规定农民如果通过转让方式流转承包经营权，必须向发包方提出申请、经发包方同意，最高院也通过司法解释的方式肯定了发包方同意这一流转要件，这些规定一定程度上为集体所有权与农户承包权之间的冲突埋下了伏笔。

（二）承包权对集体所有权的扩张

新的农地制度提出要稳定农户承包关系并保持长久不变，承包期被无限延长。实行农村土地家庭联产承包责任制以来，承包期限在最初的《关于1984年农村工作的通知》中规定为15年，这一期限在1993年中央农村工作会议上提出再延长30年，接下来一系列的指导方针都是为了稳定承包经营权，直到现在提出的承包关系"长久不变"，这样的土地政策从外部对集体土地所有权的权利内容施加了制约。在"长久不变"的政策背景下，农民对土地的支配性质的权利事实上是在朝着所有权的方向发展。

农村土地承包经营权在本质上是一种"相当所有权"，因其带有对集体土地所有权进行质的分割的性质，导致两种权利之间必然会产生冲突。在过去注重强化农地"集体所有权"的农地制度中，集体所有权代行主体大都通过发包、调整、收回、收取土地承包费等方式来强化土地所有权。而新的农地制度中，农户承包经营权不断得到强化的大趋势使得打乱重新发包或者大规模调整的合法性依据已经基本不存在，集体所有权与承包权之间的冲突必然会存在。

二、承包权与经营权的冲突问题

（一）承包权保障属性受到威胁

三权分置的背景下，承包权与经营权分离后，经营权人从承包权人处获得占有、使用土地的权利，经营权作为准用益物权，其具有物权属性，可以直接对抗承包人，由此可能形成土地经营权一权独大，存在逐渐吞噬农户承包权和集体所有权的风险。在农户承包关系长久不变的土地制度下，如果承包权人签订长期合同而将土地经营权长时间流转出去，那么经营权人的权利则不能够受到有效制约。承包权人长期流转经营权，如果未能寻得稳定工作，未能纳入城镇的社会保障体系，等其年老想回到农村务农时，可能会因为经营权流转期限未到而生活无以为继，承包权本身所负载地对农民的保障属性也无法实现。

（二）承包权和经营权分离后的利益平衡问题

土地承包权与土地经营权作为并存于同一土地上的两个独立的权利，两权间的利益协调直接影响到"三权分置"制度实施的实际效果。

1．对于经营权流转期限问题会带来承包权人与经营权人之间的利益博弈。农业是弱质产业，短期内难有成效，如果经营权分离出来的时间过短，农业投资就难以回收，经营权人就无法稳定投资；如果允许农地长期流转并一次性交付租金，就等于变相出售经营权，农民手中剩下的承包权的价值堪忧。

2．除分离期限外，在经营权分离的对价上，也存在二者之间的博弈：

一是承包权人希望流转价格越高越好，并且价格越高其流转土地经营权的意愿越强烈；而经营权人希望流转价格越低越好，这样其更有把握在后期的农业生产中收回投入，获得利益。

二是权利人对分离期限与分离对价的博弈不可避免，所以在处理这一问题上要兼顾二者的利益。一方面，要防止强势的工商资本通过农业规模化生产对农民利益空间的挤压，使收入水平比较低的农民受到更严重的剥削，要保证承包权人能够比较稳定地长久地从承包土地中获取利益；另一方面，不能挫伤经营权人规模生产的积极性。这就需要在农地三权分置、经营权三权主体之间促进土地经营权流转，平衡所有权、承包权和在农业规模化经营中各方的利益，实现多方共赢。

三、土地立法及配套制度不完善

（一）土地法律法规不健全

总体来说，我国现行的农村承包土地的相关立法不系统、不具体，甚至相互之间还存在矛盾和冲突，与承包地实践相比，存在滞后性，未充分发挥法律应有的作用。一般情况下，实际指导农村承包地实践的是政府的土地政策和措施。这一方面根源于我国几千年集权、人治的统治；另一方面根源于家庭承包责任制的推行本身就是一场自下而上的制度革新活动。政府的政策和措施在其过程中起着直接作用；而相关立法一直处于比较被动的地位，一般都是出于对农村基层土地创新实践活动的认可和规范，凸显了法律制度供给不足的问题。

"三权分置"的制度设计，目前已经在政策层面上逐步探索形成了一个比较完善的农村土地权利体系，并且在实践中也已经逐步推行，但在法律层面上还没有跟进，依旧缺乏相对完整、成体系的法律规范，尚未实现将政策性的制度上升为规范性的法律。在我国现行的与农村土地相关的法律中，包括《农村土地承包法》《物权法》《土地管理法》等，均未涉及农村土地所有权、承包权、经营权三权分置的内容，更没有明确的对三权的权利内容、权能边界、权利主体进行界定和划分。尤其是分离后的农村土地承包权和经营权，作为两个独立的用益物权，在法律体系上存在上位法律的空白；另外，对于经营权流转的相关问题也只停留在地方性法规、规章以及政策文件层面上，缺乏法律上的依据和保障，大规模的规范流转困难重重。

（二）土地承包确权登记制度不完善

稳定农村土地承包关系长久不变的基本前提就是要进行农村土地承包的确权登记颁证工作，而确权登记颁证对于促进农村土地经营权流转、实现农业规模化经营具有重要意义。但目前土地承包确权登记制度的不完善引发了许多实践中的问题：

1. 由于确权登记颁证工作的滞后，引发农村土地权属关系混乱，争议很多，许多过去因各种原因而导致的证地不符等历史遗留问题难以解决，在目前的确权登记颁证过程中极易诱发权属争议。

2. 我国自实行家庭联产承包责任制以来，一直都有农民自发地流转承包土地，在土地流转的实践中，因为没有统一明确的专门法律的规范和指导，再加上农民缺乏必要的法律意识，存在许多不规范、甚至违法流转的现象，由此导致的土地流转纠纷日益增多，不利于土地经营权流转的长久发展，阻碍了新型农业经营体系的构建。通过确权登记颁证使土地承包权权属明确、产权清晰就显得尤为必要。

（三）土地征用补偿分配制度问题

现行的《土地管理法》规定土地征收过程中的补偿标准，按照农业用途给予产值的倍数补偿（4～6倍或6～10倍），按照这个标准最终的补偿分配为："补偿款的分配格局是政府占60%～70%，村级组织占25%～30%，农民仅占5%～10%。"征收利益的分配存在严重失衡。

1. 政府拿到60%～70%的高比例，导致低廉的征地补偿款与高昂的土地出让金之间的巨额"剪刀差"，诱发地方政府的征地敛财冲动。

2. 农村承包土地的土地补偿费大部分给了村级组织，小部分给了被征地农户，这是对农民权利的侵害，这与保护农民财产权益的初衷有所偏离，侵害到集体成员生存权与发展权。九三学社进行的一项调查表明，在全国的失地农民中，有60%左右的人生活十分困难，有稳定经济收入、没有因失地影响到基本生活的只占30%左右。

3. 目前的土地征收补偿制度中没有明确对于承包权与经营权分离的情况下如何分配承包权人与经营权人之间的补偿款。

在最高法的司法解释中提到"承包方已将土地承包经营权以转包、出租等方式流转给第三人的，除当事人另有约定外，青苗补偿费归实际投入人所有，地上附着物补偿费归附着物所有人所有"，但是农业是长期投入的产业，尤其对于签订长期土地经营权流转合同的经营权人来说，如果仅仅对青苗或其所有的地上附着物进行补偿，难以补偿其对提高土地生产能力的投入。况且土地经营权定性为准用益物权，理论上具备物权属性，在征收补偿方面也应从物权层面考虑，而不仅仅是现存的青苗及地上附着物的价值。

在新的土地制度下，为实现保护农民权利的目的，必须调整土地征收补偿制度，重视所有权、承包权、经营权三者的物权属性，尤其是承包权与经营权的用益物权属性，维护其在土地征收补偿中应享有的土地利益。

（四）农业补贴制度不合理

一般意义上的农业补贴指的是"对农业的财政补贴，即国家为了实现特定的农业产业政策目的而将财政收入依法定的标准和方式转移给特定的农业生产经营者的国家行为"。

近些年来，我国相继制定了许多农业优惠政策来促进农业的发展，如对种粮农民的直接补贴、良种补贴以及农机购置补贴，中央出台这些补贴政策旨在稳定农业生产安全，保障农民较为稳定的收入水平，并且激发农民从事农业生产的积极性，从而保证国家粮食安全。

按照这一初衷应该是"谁种地谁获得补贴"，但由于《农业法》及其他有关土地的立法中没有对农业补贴的具体规定，而在农村土地经营权流转的现实情境中，一般都是"谁的土地谁获得补贴"，也就是说实际上是由承包权人在获得补贴。这对于实际种植农地的经营权人来说是显失公平的。国家对于农业各种形式的补贴应该是要向实际的农业经营主体倾斜，向种粮大户倾斜，向规模经营倾斜。

第四节 农村承包土地三权分置实现保障

一、所有权与承包权冲突的协调

（一）所有权实现形式的转变

集体所有权是我国农村土地所有权归属的主要法律模式，但对于集体所有权制度的正当性，还是存在争议的。很多学者认为，土地集体所有权已经仅仅是一种意识形态的选择、政治制度的选择，在法律层面已经没有存在的实质意义。然而，不能否认的是，在目前我国农村社会保障体系尚不健全、社会经济发展尚不足以完全消化农村剩余劳动力的情形下，集体所有权是保障集体成员生存和发挥土地功能的较优形式，其被采用的目的是为了保障共同体成员的生存。在这一现实前提下，正视和反思集体所有权的内涵和功能就成为无法回避的任务。

在过去的几十年中，我国农地制度的发展变化本身就是在不断地强化农户的土地承包经营权。用益物权的权能不断扩大，明显对集体所有权的权利进行挤压。

现在提出三权分置包括要尊重所有权，在原来既有的权利内容已失去合法性依据的前提下，就要转变所有权的实现形式，不宜再通过扩大其调整和强制收回农户承包地的权利来体现，也不宜通过收取土地承包费、参与土地流转资金分配来体现，而应充分发挥其在集体成员资格确认、土地征收补偿、土地用途监督等方面的权能。

（二）承包权的法律保障

现行的法律当中没有关于承包权的表述，所以承包权的保护应主要体现在法律保障层面。

第一，立法要明确承包权主体的集体成员资格问题，同时要继续在法律中明晰承包权的各项权能，既包括对土地的基础权利，也要构建相关的自治性权利、集体收益分配权等成员权制度；

第二，积极回应中央"稳定承包关系长久不变"的土地政策，将承包权"永久不变"写进法律，使农民对土地的承包权利有可靠的法律保障；

第三，明确承包权的权利性质及内容，包括土地流转收益权、获得征收补偿权及安置权、土地到期收回权、有偿退出权、继承权和剩余权；

第四，在农村土地征收补偿制度中，单独列出关于承包权的权利被剥夺或限制时应该得到补偿的情况及标准。承包权是农民重要的土地财产权利，具有物权属性及财产属性，其权利被剥夺时理应单独进行补偿。现行的土地征收补偿标准中只有安置补助费，未凸显其财产属性，应予增加。

二、承包权与经营权冲突的协调

（一）合理控制经营权流转期限及价格

土地承包权与土地经营权之间的利益协调直接关系到"三权分置"的改革效果，关系到能否在促进农业规模化经营的同时实现农民土地财产权益。而两类权利主体间利益的协调仅凭市场机制是不够的，需要在土地流转过程中逐步探索形成相关的流转惯例或标准。

1. 合理控制经营权流转的期限

在我国土地流转的实践中，多数流转合同签订的期限都较短，甚至很多流转合同是一年一签，这严重影响经营权人对土地生产能力投入的积极性，制约着农业规模化经营的发展成果。几乎没有农民愿意将经营权永久的流转出去，因为现阶段土地对于农民所发挥的保障作用还是非常重要，除非是农民有退出承包权的意愿。鉴于目前相关法律及政策禁止承包权的转让，而通过经营权流转期限为永久的方式变相退出承包权，因此，在流转期限的限制方面，应充分考虑农业生产的投资回收周期较长这一性质，有必要确定一个流转期限范围。综合考虑农业生产特点和农村土地产权的基本情况，经营权流转的最低期限应考虑设置为4～5年，以平衡承包权人和经营权人的利益。至于最长流转期限，由于农民本身对流转期限较长、流转后对其影响较大的流转方式有较强的防范意识，且实践中长期流转经营权的情况也确实很少，因此没有必要设置具体的期限为最长期限，但不能超过农村土地的承包期限，更不宜直接签订期限为"永久"的流转合同，否则会对承包权产生强烈的冲击，产生一系列的问题。至于确实有永久流转经营权意愿的农民，可通过承包权的有偿退出的形式来实现。

2. 加强经营权流转的价格监管

为防止市场经济的自发性、盲目性和滞后性，导致农村土地经营权价格不合理变动，要充分运用宏观调控手段，实现农村土地经营权流转价格的合理化，使农业生产经营利润能在承包权人及经营权人之间得到合理分配。可允许政府或其他有相关资质的中介机构介入经营权流转过程，由政府或中介机构根据农村土地的地形、生产能力等特点，对要流转的土地的经营权价值进行评估，确定相应的土地流转参考价格。在这一参考价格的基础上设定浮动范围，在具体的流转过程中，再根据流转土地的经营效益以及粮食价格变化等情况来最终确定土地流转价格，这样的动态价格制定相对于一次性确定好的流转价格更加合理，能够均衡地分配农业生产经营利润，保障农民获得更为长远的土地利益。

（二）经营权流转风险保障机制

1. 合理确定土地经营权流转规模

农村承包土地三权分置的目的是为了促进经营权流转，实现农业规模化经营，提高农地的生产效率，但在政策的执行过程中也要把握好度，防止因短时间大规模流转而造成工商企业垄断定价，大肆挤压农民利益的问题发生。具体来说，在流转规模的问题上，可以参考 2014 年 11 月中共中央办公厅、国务院办公厅印发的《关于引导农村土地经营权有序流转发展农业适度规模经营的意见》中对此提出的两点要求："一是土地经营规模的务农收入相当于当地二、三产业务工收入，二是土地经营规模相当于当地户均承包土地面积的 10～15 倍。"

总之，要以理性的态度慎重对待，要充分认识农地经营权流转是一个不平衡、循序渐进的过程，不可一哄而起、齐头并进，要参考当地的城镇化进程、农村劳动力转移规模等实际情况，同时要同步推进当地农业社会化服务水平。

2. 切实保障农户自愿流转土地经营权

促进土地经营权流转，实现农业规模化经营是政府的政策目的，也是新的土地制度的初衷，但在土地流转过程中一定要尊重农民的意愿，不能用强制办法，应在示范和引导的前提下，根据农民意愿进行流转。虽然许多农民的素质都偏低，但农民也有自己生活的经验及思考问题的方式，在涉及财产利益的问题上，他们也会结合自身的实际情况做出有利于自己的决定，包括是否流转自己承包地的经营权,采用哪种流转方式以及流转的期限、价格等。

3．健全农村承包土地经营权流转的监管和风险防范机制

对于工商资本投入农地经营领域,要建立严格的对经营权受让主体的资质审查、农地用途监管等制度,避免农地"非农化""非粮化"现象的出现。积极探索建立农村土地承包经营权流转的风险保障金等制度。

三、土地立法及配套制度的完善

(一)完善土地法律法规体系

在建设社会主义法治国家的大背景下,农地制度的改革不能再简单依靠一项项政策来推进,必须及时转换农村土地制度变革方式,将改革寓于立法之中,实现从政策规定到法律界定的质的飞跃,重新构造农村土地权利制度和法律框架,建立主要依靠法制手段管理农地、保护农民权益的新机制。

1．修改、完善土地基本法

依据实践中已经存在的土地权利关系,对土地基本法中与事实相抵触或过时的内容进行修改,将已经成熟的土地政策上升为土地基本法的内容,即以法律巩固现有的事实秩序。作为上位法的《物权法》应明确肯定农村土地所有权、农村土地承包权和农村土地经营权的物权属性,对三项权利在占有、使用、收益和处置方面的权能边界进行划分,明晰三权权利主体所享有的权利和应当承担的义务。尽快修改、调整《农村土地承包法》和《土地管理法》中关于农村土地承包经营权方面的内容,以《物权法》的修改作为参照,从法律上承认农村土地所有权、承包权、经营权的三权分置。

2．制定农地流转方面的法律法规

主要包括:《农村土地承包经营权流转条例》《农村土地承包经营权流转登记条例》以及《农村土地承包经营权流转合同管理条例》等。从规范和保障经营权流转实现的角度,至少应包括以下内容:经营权权利主体条件及范围、流转具体程序、流转合同基本内容、经营权转让的最低期限和最高期限等,流转要坚持依法、自愿、有偿原则。

此外，要逐步推出各具体职能的法规、规章，健全土地立法体系，如《土地租赁法》和《土地信托法》等专门性的法律法规，在相关立法中尽快将土地经营权抵押合法化。

（二）完善土地承包确权、分离登记制度

承包权作为用益物权，对其尽快进行确权登记颁证工作更有利于对农民权益的保护。确权登记颁证，把农民对承包土地的各项权利明明白白的确定下来，并进行权利登记备案、发放权利证书，将农村土地承包权固化到具体的农户，提升农村土地承包经营权确权登记的法律效力，明晰土地权利、依法有序地进行土地经营权流转。具体操作过程中，要把握"确地到户"的基本原则，对于"确权确股不确地"的特例要从严掌握，切实强化对农民土地承包权的物权属性的保护，为其合法的土地权益提供有效的法律保障。

同时，应该完善分离登记制度。在对承包土地进行确权登记颁证工作的基础上，还应完善农村承包土地承包权和经营权的分离登记制度。承包权与经营权都是从所有权中分离出来的用益物权，具有物权的对世性和对抗性。经营权人对于其经营的土地可以进行直接支配，排除任何人的干涉，所以在承包权、经营权分离的过程中对经营权的设立、流转等行为进行登记公示很有必要，有利于第三人对权利的知晓与保护。

近几年，大规模的推进承包地的确权登记颁证工作，为承包权与经营权分离登记制度的建立提供了方便，使承包权与经营权分离在未来采取登记生效主义的构想具备了可操作性。已有部分农村土地承包权人具备一定的土地流转风险防范意识，在实际的土地流转中，他们倾向于采用签订合同并经政府登记的土地流转模式，以更好地保护自己的土地权益。

（三）健全土地征用补偿制度

在"三权分置"的农地权利体系下，所有权、承包权、经营权三项权利的内容都包括土地征收补偿权，所以新的土地制度应考虑平衡三者之间在土地征用过程中的利益分配问题。中央对于农村土地征收制度改革总的基本思路是："缩小土地征收范围，规范土地征收程序，完善对被征地农民合理、

规范、多元保障机制，建立兼顾国家、集体、个人的土地增值收益分配机制，合理提高个人收益。"

1. 在这一基本思路的引领下，改革首先应由原来的按照农业产值倍数补偿的理念转变为按市场价值补偿，由此解决政府在土地征收中获益最大的现状，切实保护农民的财产权利。

2. 村级组织和被征地农户之间的补偿款分配问题应通过立法统一标准，全国按照一个固定的比例分配补偿款给农户，其余部分分配给村集体，村集体再根据自身情况决定补偿款用途，或留作集体经济发展资金或平均分配给集体成员。目前各地实践中采用的这一比例大多在70%～80%，或固定或浮动。

3. 对于承包权人与经营权人之间补偿款分配问题，应在目前的基础上（青苗费及地上附着物补偿）再适当向经营权人倾斜，一方面是对经营权人权利的保护，另一方面激发经营权人开发土地、提高土地生产能力投入的积极性。具体标准制定中，可根据土地经营权流转合同期限的长短确定不同的比例，比如，对于低于五年的经营权流转合同，除原有的补偿款之外，经营权人可获得5%的土地补偿款，5～10年的合同，可获得10%补偿款，10～15年的合同，可获得15%的补偿款等。具体比例数额要把握在合理的范围内，既能保障经营权人的土地征收补偿权，又不能定得过高，打击农民流转经营权的积极性，因此，需要在更深入的研究分析之后再确定补偿款的比例。

（四）优化农业补贴政策

当下一些地区以承包人而不是农地经营者为农业补贴发放对象，且农业补贴金额较低的做法并不利于农村土地经营权的流转，这一做法会减弱转出户土地转出意愿，增强转出户对土地的依赖。由此可见，完善农业补贴法律制度却十分有必要。可在《农业法》中专门设置一章，将有关农业补贴政策的目的和补贴标准法律化、制度化。此外，政府应该考虑将农业补贴发放给粮食种植户等实际的农地经营者，并与农地承包关系脱钩，比如将现行的"三项补贴"（农作物良种补贴、种粮直补、农资综合补贴）合并为"农业支出保护补贴"，补贴给实际经营者，优化补贴支持方向。

　　"保持与现有政策的衔接，调整部分存量资金和新增补贴资金向各类适度规模经营的新型农业经营主体倾斜，合理确定支持力度，不人为'垒大户'"，中央新的政策也是这一方向。在农业比较利益偏低的现实条件下，加大农业补贴的强度且将农业补贴发放给农地经营者，能有效地提高其收入水平，刺激其转入土地的积极性，这样才能切实保障农业补贴向各类适度规模经营的新型农业经营主体倾斜，提高农业补贴政策效能。

第六章 内江农村土地问题

第一节 内江农村土地利用现状

一、内江农村土地利用现状

（一）耕地数量锐减

伴随着城市化进程和新农村建设的发展，内江农村大量耕地被变为非农建设用地。城市肆意扩建，大量厂房、交通设施、高级别墅群、娱乐场所、主题公园等的修建占用了大量耕地。土地需求量远远超出了土地供给能力，人地矛盾日益突出。

（二）土地质量下降，土地污染浪费现象严重

在内江农业生产中，由于农民缺少科学的现代化农业信息指导，农民科技文化素质偏低。农民滥施化肥、农药，导致土地的部分功能退化，同时也致使土地产生对化肥农药的依赖，不利于土地的良性循环和土地功能的自我修复。加之内江工业化发展中，先污染后治理的生产模式，大量废气污水不经处理就肆意排放，环境污染加剧，部分地区出现水土重金属超标的土地污染现象。土地质量日渐下降，土地浪费的现象也日渐严重。

（三）农民法制观念薄弱，对土地制度认识不够

内江农村居民受教育程度不高，法治意识薄弱，受传统思想的影响较大。农民对土地有一定的依赖性，对土地流转制和土地承包制度缺乏认识。农民在外出打工或者无力耕种时选择私下协商代替耕种甚至抛弃至荒，也不愿放弃土地使用权。据了解，在内江农村中有很多农民不了解土地所有制度，以为土地是公民自己的私人财产，可以任由自己的意愿随意处置。土地流转和土地承包制度，在内江大部分地区没有发挥应有的作用，土地利用效率不高。

（四）土地集约化经营程度不高，土地利用率低

内江是一个多山多丘陵的地区，农村耕地受地形因素影响不适宜于规模

化经营，现代化农业的发展产出效率过低。加之内江农村土地分布较分散，农民的小农意识强烈以及实行分产到户的土地制度，严重制约了土地集约化经营的发展。在现代化建设中，土地是经济发展的重要因素。土地利用的科学化、效应化，更有利于促进经济的健康发展。同时，土地也与农业发展息息相关，实现了土地的科学利用，才能更快的发展高效率的现代农业。

（五）土地经营不规范，违法违规问题频繁出现

内江的土地法制政策强度不大，政府部门职能缺失，在执行的过程中存在一定的难度。松懈的管理制度，不能使内江农村的农民意识到保护耕地的重要性和必要性。内江农村居民点分布较分散，凌乱，土地的利用效率低，没有一定的规划性。同时，还大量存在一户多宅和乱圈乱占的违规建房现象。在内江城市建筑的外圈近郊地区，受房地产高利润的影响，很多厂商兴建各种符合消费者需求的楼盘、高尔夫球场、度假山庄等占用了大量农村耕地。

近年来，内江农村农民的生活水平大幅提高，受风水、交通、地形等因素的影响，村民建房一般会选址在各方面综合素质较好、交通通达的沿路或者沿水地带，而不愿选择土地规整成本较大、运输费用较高的荒山荒坡地以及空闲地建房。由于内江乡镇相关部门职能的缺失以及土地立法的不足，村民为了节省土地开垦费，或者先将耕地荒置两年再建或者采取先斩后奏的方式圈地乱占耕地建房，导致占用了大量耕种条件较好的耕地。

（六）土地监管力度不大，法制体系不够完善

自留山和自留地是国家政策规定分配给成员长期使用的，用以满足家庭生活和市场需要，活跃农村经济的集体所有制土地。国家法令规定不得出租，买卖，转让，也不得用作建房和非农业用地。然而，内江农村有些农民为了牟取私利，将自家的自留山和自留地非法转让或者买卖给私人或公司用作其他非农业用途。

另外，在内江农村，土地的登记造册制度也不规范，很多村民为了减少麻烦，都采取口头协商的方式随意处理土地的使用权。

（七）土地法制宣传力度不够，奖罚制度不完善

在内江农村土地的使用过程中，由于农民法治意识薄弱，土地违规惩戒制度力度不强，走法定程序繁杂，且时间太长。导致农民为了个人暂时的利益而铤而走险违背国家明文法定的规定，违法占有耕地用于非农用途。而且一般民众认为违法占地处罚不高对违法者约束不大。

二、内江农村土地利用出现问题的解决措施

（一）优化土地资源配置，实现适度规模经营

土地流转能够促进有限的土地资源在土地经营者之间合理的流动，可以优化土地资源配置，加快土地使用规模化、集约化进程，弥补家庭经营规模过小的局限。通过土地承包经营权的流转，分散的土地可以通过市场流通的形式集中到职业农民、农业经营大户和农民专业合作社，充分发挥这些经营主体在土地经营方面的优势以及对市场的驾驭能力，取得良好的经济效益。通过土地流转使农村的人、财、物等资源得到合理配置，从而提高农业的比较效益。土地流转作为制度创新，使农民与土地的关系从过去的依附关系变成具有相对弹性的分离关系。土地经营权或使用权的转移，既可以让农业经营大户多包耕地、实现规模经营；又可以让外出务工经商人员减轻责任田的压力，放心从事非农产业。

农村土地适度规模经营是指农业生产单位在适当的土地面积上的经营，亦即在土地面积上能保证最佳经济效益要求的经营。在这样的规模下，农业生产经营单位内部能使生产要素合理组合，外部能与社会经济条件、自然生态环境相互协调。

规模经营扩大经营单位的土地规模，使耕地逐步集中到种田能手手中，以便保持和提高单位面积产量，保障农产品总产量。一般说来，农业适度经营规模具有动态性、区域性、层次性和适宜性的特征。动态性，即不同时期具有各不相同的适度农业经营规模；区域性，即不同地区具有各不相同的适度农业经营规模；层次性，即不同的生产力发展水平具有各不相同的适度农

业经营规模；适宜性，即不同的农业经营项目具有各不相同的适度农业经营规模。推进内江农村土地流转，可以逐步实现土地资源配置的优化，最终实现适度规模经营。

适度规模经营要求多要素集聚，土地、资金、人力、农机、技术等诸多市场要素都要集中起来，土地规模经营的效力才能真正发挥出来。因此，在推进内江农村土地流转的同时，还要注意其他要素的共同作用，不能只通过简单地归拢土地，就实现农业规模化经营。

（二）利用先进的科学技术，实现农业现代化

农业现代化是传统农业向现代农业转化的过程及手段。实现农业现代化是我国农业发展的根本方向和目标，而目前内江农村这种小规模分散的经营方式不能适应农业现代化的要求。邓小平同志在 1990 年指出，中国社会主义农业的改革和发展，从长远的观点看，要有"两个飞跃"。

第一个"飞跃"是实行家庭联产承包责任制和推行统分结合双层经营体制；第二个"飞跃"是发展适度规模经营，发展集体经济。目前，内江农村正在进行第二个"飞跃"。

为了适应生产力发展和传统农业向现代农业转变的要求，内江农村必须进行土地承包经营权的流转，让土地由分散逐步走向集中。

农村土地使用权流转形成农村土地规模经营，这将有利于提高农业的科技应用推广水平和经营管理水平，促进农业生产效率的提高。土地流转有利于促进农业结构的调整，加快农业产业化的进程，而农业产业化的发展过程就是农业现代化的建设过程。一方面，农业产业化促进了农业专业化和规模经营的发展；另一方面，农业专业化和规模经营又反过来促进了农业先进技术和设备的推广应用，促进农业现代化的进程。

同时，土地流转有利于新技术的应用和新品种的推广以及充分发挥土地的作用，可以说是农业现代化的必由之路。实现农业现代化的过程，其实就是不断将先进的农业生产技术应用于农业生产过程，不断提高科技对增产贡献率的过程。新技术、新材料、新能源的出现，将使农业现状发生巨大的变化，农业增长方式从粗放经营转变为集约经营。因此，先进的科学技术将在对内江传统农业的改造过程中，发挥至关重要的作用。

（三）统筹城乡发展，实现城乡一体化

统筹城乡发展是科学发展观中五个统筹（统筹区域发展、统筹城乡发展、统筹经济社会发展、统筹人和自然和谐发展、统筹国内发展与对外开放）中的一项内容。内江城乡发展差距大，这个问题不容忽视，对内江农民生活、农业发展、农村稳定都造成了很大的影响。统筹内江的城乡发展就是要更加注重内江农村的发展，解决好内江农村的"三农"问题，坚决贯彻工业反哺农业、城市支持农村的方针，逐步改变内江城乡二元经济结构，逐步缩小内江城乡发展差距，实行以城带乡、以工促农、城乡互动、协调发展，实现内江农业和农村经济的可持续发展。而推进内江农村土地承包经营权流转，对于解决内江农村"三农"问题、建设社会主义新农村都有着重要意义。

随着内江经济的进一步发展，传统的小农业生产方式必将被社会化的大生产所代替。而要改变小农生产方式首先就要探索内江农村土地流转问题，逐步形成适合大农业的生产方式，以缓解内江所面临的社会自身发展需求和国内其他农产品市场的压力。

城乡一体化是随着生产力的发展而促进城乡人口、技术、资本、资源等要素相互融合、相互补充，逐步达到城乡经济社会协调发展的过程，是现代化和城镇化发展的新阶段。推进内江土地承包经营权流转，解放了内江一部分束缚在土地上的农村剩余劳动力，这部分劳动力向城镇、非农产业转移，其中有些人正在或者已经转变为市民。

同时，内江土地通过流转实现集中经营，促进内江农业产业化发展，有利于内江传统农业向现代农业的转变。内江农村土地流转还可以吸引城市的资金、技术、人才等要素向农村流动，并配套完善农村基础设施建设、农村社会保障体系等，这有助于城乡差距的缩小，从而最终实现城乡一体化，将二元经济转变为一元经济，进而朝着建设更富强更美好的内江的方向迈进。

第二节 内江农地非农化问题

一、内江农地非农化存在的问题

（一）农地资源数量和质量下降

耕地资源是维持内江社会生存发展最基本的生产资料，必须注重和加强耕地资源的保护。内江农村农地过度非农化的现实造成了大量农用地资源数量和质量的下降，从而对内江的粮食安全和农业的可持续发展构成威胁，影响社会的稳定发展。

农用地非农化为建设用地的过程会威胁农产品的生产和供给尤其是粮食安全，主要有两个方面的原因：其一，非农化过程使农地数量减少，直接影响农产品的产量；其二，降低耕地质量，从而间接影响农产品生产。此外，内江农地数量和质量的降低对内江农业的可持续发展不利，有可能动摇农业在内江经济发展中的基础地位，如果粮食自给不足而依赖进口，有可能造成内江经济和社会的动荡不安。

（二）非农建设用地利用效率低下

伴随着农用地数量和范围的减少，内江非农建设用地的规模快速扩大。非农建设用地面积的不断扩大是工业化和城镇化发展的必然要求，但是，在非农建设用地数量和规模扩大的同时，也存在着诸如土地利用效率低下、土地闲置和浪费现象严重等问题，尚未实现土地的集约利用。内江农用地征用的价格很低，不能反映土地的真实价值，因而用地单位包括政府或企业获得土地的成本较低，并且地方政府为了招商引资的需要，出台各种优惠政策，以廉价的土地吸引企业投资，造成了用地单位以低廉的价格买进土地后并不着急开发，大量土地处于闲置状态，或者较低的买地成本并不能促使用地单位集约利用土地，而是出现了严重的土地粗放使用的浪费现象。

同时，地方政府在低价征收农用地并且高价出让的过程中获取了大量增值收益，利用这些资金继续投资建设项目，地方政府和企业在分别获得所需资金和土地后，大量投资重复建设项目，造成经济过热和虚假的经济繁荣。

（三）失地农民权益受损严重

内江农地非农化造成的另一个直接问题是失地农民问题。由于强制征地，大规模农民失去了维持其生产和发展的土地而成为失地农民。随着农地非农化进程中不断产生的失地农民人数日益增多，失地农民的安置和发展问题成为整个内江农村乃至社会面临的一个重大难题，构成社会和谐发展的隐患。近年来，内江由于农用地征用而引发的社会冲突和群体性事件逐年上升，部分失地农民在农用地征用过程中利益严重受损，且没有得到妥善安置，从而影响了失地农民生存和发展的可持续性。

（四）农地生态安全面临挑战

农地是包括农业、林业、牧业、渔业和副业用地在内的几大部门的统称。农地价值包括三部分：农地社会价值、经济价值和生态价值。农地过度非农化会从四个方面破坏农地的生态价值。

1. 由于农地大量转用为非农建设用地，农用地的数量急剧减少，城乡建设用地所占的比重越来越大，土地利用方式的改变直接造成了农地原有生态价值的丧失；

2. 农用地改用为非农建设用地以后，与它相邻的土地会受到周围环境变化的影响，非农建设用地的新用途所带来的水体污染、噪声污染和空气污染等不良影响都可能降低农用地的生产力；

3. 耕地数量的减少，促使人们努力开垦一些荒地、林地、牧草地等以增加耕地的面积，这不仅会破坏农用地的生态功能，还可能造成水土流失、土地沙化和退化等问题的产生；

4. 城市郊区和外围的农用地一般更有可能被非农化开发利用，这些土地一般是肥力较高的优质农田，同时又是城市居民平时休闲娱乐的重要场所，具有旅游观赏价值，非农化开发为建设用地后不仅会使其原有价值丧失，而且非农建设会造成空气、水体等的污染，进而影响城乡生态环境和居民生活质量。所有这些问题都会破坏内江农用地的生态功能，打破内江原有的生态系统平衡，使内江生态安全受到严峻挑战，威胁内江生态和经济的可持续发展。

二、应对内江农地非农化问题的策略

（一）制度层面

1．农地征用流转制度

（1）在农地征用制度方面，应该制定有关农地征用的专门法规条例，对农地征用的范围、程序、补偿标准等问题给予明确规定。

（2）在农地征用的范围方面，要明确界定农地征用范围，将土地征用严格限定在"公共利益"的范围内，将"公共利益"这一概念界定清楚，对于以盈利为目的的经营性用地需求可以考虑采用农地使用权直接入市的形式。

（3）在农地征用程序方面，要严格执行农地征用审批程序，内江土地管理部门应对政府的征地行为、用地行为制定指标并严格监督其实施情况。政府应改变过去暗箱操作的行为，将有关农地征用项目的情况及时告知大众尤其是土地使用者，加强公众在农地非农化过程中对征地价格协商的参与，广泛听取社会大众的意见、建议。

（4）在农地征用补偿标准方面，适当提高农地征用的补偿标准，按照农地市场的价格标准制定科学合理的征用补偿价格。除农地的经济价值外，还应考虑将农地的生态价值和社会价值等非市场价值纳入农地的价值补偿体系，改革内江现有农地价值核算、评估体系，建立农地生态价值和社会价值评估方法和标准体系，从而科学衡量农地真实价值。

2．农地收益分配制度

调整内江现有的农地非农化收益分配关系，重构农地收益分配机制，具体措施包括：

（1）采取措施提高农用地的经济比较效益，同时降低非农建设用地的比较效益。具体做法：可以对农业用地进行补贴以增加其经济比较效益；对非农建设用地征税以减少其经济比较效益，或者是对农业用地进行补贴的同时对非农建设用地征税，平衡农业用地和非农用地之间的比较效益，以调控农地非农化。

（2）调整土地征用补偿费的分配。减少地方政府和农村集体经济组织的收益比例，相应增加农民的分配比例。可以通过减少收益的方式抑制地方政府的农地非农化动机；也可以通过增加农民收益的方式保证其生存和发展。建立健全农民与城乡用地单位直接交易的机制，从而使农民得到农地非农化的大部分收益。

（3）建立有关农地征用增值收益分配的机制。农地增值收益分配在农地收益中所占比重最大，它的根源是农地产权中的农地发展权，因而应尽快建立起有关农地发展权的机制，从而对增值收益的公平合理分配做出规定。农地发展权的行使应交由中央政府，而不能由农民个人行使，以有效抑制地方政府的不合理行为，从而确保农地征用行为和农地发展权的有效行使。

（4）将政府所收的农用地出让金分期使用，控制当期政府的使用额度。将政府在农地非农化过程中获得的各种收益都以税收的形式，由专门的税收部门征收，并将这些税收作为地方政府的财政收入。此外，将政府收益的一部分作为农地复垦、开发等的专项基金，在农用地加快转变为非农用地的同时，通过开发复垦工作增加土地的后备资源供给。

3．失地农民安置机制

失地农民的安置、发展问题是一个关系社会稳定、发展的重要问题，它的良好解决是一个国家、地区长治久安的保证。

（1）在失地农民安置问题上，内江应积极探索多样化的失地农民安置发展机制，各个地区应根据自身特点和基本条件，有针对性和创造性的制定适合本地区的失地农民安置机制。在实践中，除货币安置方式外，失地农民的安置方式还有以下几种类型：将征地补偿费作为股金投资入股获得红利的土地入股安置方式、给失地农民提供就业的安置方式、留给失地人口一定面积土地的留地安置方式等。虽然这些方式各有利弊，但都是失地人口安置方式的有益探索，可以根据其各自适应的环境有选择性地采用。

（2）逐步建立起有关失地农民的社会保障体系，将失地农民纳入其中，具体包括：失地农民的最低生活保障，由国家和地方政府向失地农民提供能够保障其最低生活需求的帮助，以保障其基本生活需要；失地农民的医疗保障，积极构建农村合作医疗制度，解决农民看病难的问题，为每个失地农民"病有所医"创造条件；失地农民的养老保障，积极探索农民的养老体系，将失地农民逐步纳入社会养老保险体系。为失地农民提供以上保障的资金，除农民个人交纳一定的保险金外，还可以从农地非农化的收益中提取一定资金作为社会保障基金。

（3）消除失地农民在农业以外领域再就业的障碍，为失地农民的再就业创造有利条件。解决失地农民的再就业问题，必须帮助他们转变就业观念，鼓励他们参加再教育和就业培训，从提高自身素质和技能出发，在激烈的社会竞争中增强其自身实力。

（4）建立有效维护失地农民权益不受侵害的法律机制，为失地农民正常的利益诉求建立沟通渠道，鼓励失地农民拿起法律武器捍卫自身合法权益。

4．农地监管制度

农地过度非农化的原因之一是对其监管不力，而造成农地非农化监管不力的根本原因是农地监管机制不合理。必须改革原有的农地监管机制，将同级地方政府对土地管理部门的平行领导改为上级土地管理部门对下级土地管理部门的垂直领导，使下级土地管理部门直接接受国土资源部和上级土地管理机构的领导，并且下级土地管理部门的收入和支出来源也由中央财政拨款，从而使其成为真正独立的监管部门。以切实有效发挥土地管理部门对地方政府行为的监督作用，保证把地方政府土地审批权的行使限制在公共利益的范围内。

农地监管不力的另一个重要原因是社会监督的不足，表现在社会公众和媒体监督作用没有有效发挥。从社会公众的角度看，应制定专门的法律法规，将公众包括农民监督权的内容、行使途径等问题确定下来，以捍卫社会公众的监督权。建立畅通的监督渠道，设置专门的服务机构，受理公众揭发、检举、建议的案件。从社会媒体的角度看，要通过法律形式明确新闻媒体和公众人员的监督权，同时要增强媒体舆论监督的独立性，加强媒体建设，保证新闻事件的真实有效性，发挥其对农地非农化过程的监督作用。此外，应推动和完善有关农地非农化的听证制度和问责制度，通过责任追究和信息透明公开的办法保证公众知情权和监督权的充分行使。

（二）技术层面

1．对土地利用变化进行监测分析

应用现代科技手段对土地数量、土地利用变化等进行动态监测，通过获取和分析监测到的信息，制定科学合理的土地政策，采取较有针对性的对策措施。过去由于技术手段较为落后，要实现对农地动态变化的监测和信息获取的难度非常大，不能有效监督和制裁农地非农化过程中的违法违规行为，造成农地大量非农化为城镇建设用地。因此，必须加大科技投入，利用科技含量高的土地监测体系和 GIS 系统准确测算内江各地农地数量和农地利用变化的数量，并利用所得信息分析计算内江农地的供应面积和平均价格，实现对内江农地利用变化的动态监测和定量分析。此外，农地监测体系和 GIS 系统还应对农用地征用后土地的使用情况进一步跟踪监测，严格查处违反征用目的、少征多用或多征少用甚至征而未用、征地补偿不合理等行为，以确保农用地非农化的合理适度推进和农用地的集约、高效利用。

2．开展土地调查工作，制定土地利用规划，加强土地用途管制

开展土地调查工作是全面掌握国土基本信息，以实现土地资源合理配置的前提，为土地用途管制和制定土地利用规划奠定基础。

土地整理开发工作是整合农地资源，增强农地供给后备资源的重要途径之一。土地整理包括农用地的整理和非农用地的整理，通过对除耕地以外的农用地包括林地、草地和荒地等的开发整理可以扩充农用地的后备数量，增加农用地的供给；通过开展对非农用地包括城市用地、农村住宅用地等的整理开发工作，改变原本分散布局、土地闲置而导致的浪费土地行为，实现土地的集约利用，提高土地利用效率。

土地利用规划和土地用途管制是实现耕地保护的重要手段之一。土地利用规划按不同标准可以分为土地利用总体规划和年度规划或者土地利用总体规划和城市、村镇规划。科学的土地利用规划的编制要以有效保护耕地为前提，控制农地转用数量，而不是从非农用地的需求出发制定规划。此外，土地利用规划的编制和实施应增加公众的参与，出台的土地利用规划应当进行公告。在土地用途管制方面，应明确土地分类，对土地进行分类分区管制，对不同的土地采取不同的利用方式。土地用途的变更或转用应经批准和许可，并登记这种变更，对土地用途的变更实施动态监测，以随时掌握土地利用的变化情况。

第三节 内江农村土地承包经营权问题

一、农村土地承包经营权

（一）占有权

占有权是指土地承包经营者对集体或国家所有的农地享有实际的支配权和控制权。占有权是使用权及其他相关权利的基础，也是行使支配和控制的前提条件。

（二）使用权

使用权是指土地承包经营者依法享有使用土地的权利。根据土地的自然特性，承包经营者可以自主对土地进行生产经营活动。例如耕种、造林、养殖等。对于进行项目的种类和数量均可按照自身意愿组织安排，不受发包方干涉。

（三）收益权

收益权是指土地承包经营者获得对其承包土地上产出利益的权利。根据法律规定，土地承包经营者可以自行处置由其承包地所生产出的农产品，由此获得的合法收益均为承包方所有，受法律保护，其他经济组织和个人不得侵占或剥夺。

（四）部分处分权

处分权是指财产所有人享有对其合法财产进行处分的权利。对于土地承包经营者，处分权是指土地承包经营者依法享有对其承包土地的使用权进行处分的权利。根据土地的相关法律规定，土地承包经营权的处分权包括出租、转包、互换、入股、转让等几种形式。

（五）继承权

我国的土地承包经营权继承问题较为复杂，其主要原因如下：其一，需要保障承包方的承包经营权以及继承其承包地所获得的合法收益；其二，需要明确继承承包经营权的承包方主体，是以"家庭"还是"个人"为单位。为了能够更好地解决家庭承包继承问题，《农村土地承包法》对此做出了规定。

属于集体经济组织内部的农户家庭对土地进行承包经营，以"家庭"为生产经营单位获取土地承包经营权的，按照以下规定执行：当家庭成员部分死亡时，不发生继承问题；当家庭成员全部死亡时，土地承包经营权消灭，承包地归发包方所有。这一规定保障了农村集体经济组织内部所有成员的合法权益。

对于在承包期内的承包收益继承问题，具体可以按照以下两种方法进行解决：当家庭成员（如户主）死亡时，该成员的合法承包收益属于其遗产，应当按照《继承法》相关规定继承；当家庭成员全部死亡时，最后一位死亡成员的合法继承人应依法予以继承。

由于承包林地的投资周期长、产出慢等原因，故将林地的承包经营权及其收益的继承问题进行规定。与农地不同是，当家庭成员全部死亡时，最后一位死亡成员的继承人可以继续承包该林地，直至承包期限。该继承人既可以是集体经济组织内成员，亦可是集体经济组织外成员。

二、内江农村土地承包经营存在的问题

（一）法律制度上的缺陷

农村土地流转始于 1985 年（国家在政策上允许有偿转包土地），农村土地承包经营权流转在法律上得到认可，则始于 1988 年的《宪法修正案》。目前我国有关土地承包经营权流转的法律规定，主要从以下几个方面体现：《宪法修正案》第 2 条规定了"土地使用权可以依照法律的规定转让"。同年修改的《土地管理法》第 2 条第 4 款规定："国有土地和集体所有的土地的使用权可以依法转让。土地使用权转让的具体办法，由国务院另行规定。"但真正使农村土地承包经营权流转走向合法化，则是 1993 年 7 月《农业法》的颁布实施。同时，它也是我国现行法律第一次以明确的语言对土地承包经营权流转做出规定。该法第 13 条第 2 款和第 4 款分别规定："在承包期内，经发包方同意，承包方可以转包承包的土地、山岭、草原、荒地、滩涂、水面，也可以将农业承包合同的权利和义务转让给第三者。""承包人在承包期内死亡的，该承包人的继承人可以继续承包。"

1994 年 12 月 30 日农业部印发《关于稳定和完善土地承包关系的意见》，使土地承包经营权流转中的转包、转让、互换和入股四种方式合法化，也使得《农业法》的相关规定具有了现实操作性。1998 年修订的《土地管理法》不仅没有涉及土地承包经营权流转问题，反而对土地承包关系的变动作了严格限制。

2003 年 3 月 1 日起实施的《农村土地承包法》，使"土地承包经营权流转"完成了从概念到"合法身份"的转变。并从第 3 条到 43 条规定了转包、出租、互换、转让、入股等几种流转方式；其他自然资源法中也规定了有关土地承包经营权转让的问题。例如《森林法》第 15 条的规定和《农业法》第 13 条的规定。2004 年 9 月 8 日农业部在互联网上公布了《农村土地承包经营权流转的管理办法（试行）》也做了相应的规定。

纵观我国在立法层面上对农村土地承包经营权流转的相关规定可以得知，虽然已经允许农村土地承包经营权的流转，但现有的法律法规（包括《农村土地承包经营法》）在一定程度上放宽对农村土地承包经营权的流转，只是对近几年来有关农村土地承包经营权流转的政策、司法解释的总结而已。现有的立法对农村土地承包经营权的性质虽然得到物权法的明确认可，但仍然对农村土地承包经营权流转设置了诸多限制性条件，新颁布的《物权法》也未脱离这一局限性。因此可以说，我国现行的农村土地承包经营权流转是不充分的流转，是不彻底的流转。这在农村土地承包经营权流转的实践过程中引起很多问题。

随着依法治国基本方略的实施，针对近年来出现的农村土地承包经营权流转的热潮，国家的立法已经具有相当的敏锐性。即启动立法程序，通过法律途径加以规范和调整。但是从我国已有的相关法律法规来看，立法带有仓促性，至今还没有建立起完善的相关法律体系，系统性、针对性和可操作性不强。

同样，土地承包流转在法律上的缺陷也在内江农村土地流转实践中引起诸多问题。具体问题如下：

1. 农村土地承包经营权流转主体受到限制；

2. 农村土地承包经营权流转方式不明确；

3. 农村土地承包经营权流转范围封闭；

4. 农村土地承包经营权流转程序不完善；

5. 农村土地承包经营权权属存在不确定性。

（二）管理层面上的缺陷

在内江土地承包经营权流转过程中，从管理层面上看，行政权力干预过多。农村土地承包经营权流转是民事权利的流转，因此土地承包经营权的流转的前提应该是当事人的意愿，而不是行政许可，即不应当由行政管理的力量或者其他强制性的力量为当事人之间财产权利的交易进行强行安排。这在《农村土地承包法》中亦有明确定规定。因此，现行立法对农村土地承包经营权流转的行政管制并不能代替农民的意愿。对农村土地承包经营权流转的行政管制应当是符合行政法原理的管制，而不是对当事人意志的管制。

农村土地承包经营权的依法流转表明：行政管制既不能促进法律意义上的农村土地承包经营权的流转，也不能限制实践意义上的农村土地承包经营权的流转。农村土地承包经营权流转的行政管制只有在承认农村土地承包经营权是民事权利的基础上才能产生影响。即"民法规定的土地权利，是行政法调整土地关系的基础，行政法对于土地占有和利用的调整，只能在民法规定的基础上进行"。如果以行政管理方式对农村土地承包经营权流转进行管理和引导，将会增加交易成本，还可能导致以行政管理规则代替财产权利的移转规则。至于农民集体内部对村民土地承包经营权流转的限制，只是因为土地归农村集体所有，而村民对土地权利的处分可能会对其他村民的土地权利造成影响，以便防止土地向村社外部进行流转。而农村集体基层组织因为事实上行使行政管理职能而使其具有行政管制的因素。

（三）立法理念滞后

内江现行的农村土地承包经营权流转制度运行不畅的原因，除了上述两个客观原因外，更重要的是在国家宏观层面上立法理念的滞后，其主要表现在：

1. 物权观念淡薄。我国在新中国成立后，相当一段时间内，不仅在理论上否定物权制度，而且在实践上也一直没有建立一个物权体系，致使在保障农村土地承包经营权流转时，几乎没有可以利用的物权法基础。到目前还有人坚持认为土地承包经营权实质上是一种债权，不是物权。

2. 重视土地对农民的生存价值，忽视土地本身的资本价值。由于我国一直把土地使用权视为农民从政府手中获得的一种生存保障，是国家给予农民的一种福利。农地生产要素突出了静态化特征，忽视了"经济土地本身便是在投入运营之后要求取得增值的以货币表现的价值"，即忽视了"投入经济运营的土地即土地资本"的属性。导致农村土地承包经营权开始流转的时候，我国并没有对"土地资本"的概念引起足够重视。

3. 重视对国家、集体和承包者利益的保护，忽视了对农村土地耕作者切身利益的关注。在我国，由于长期以来过分看重土地生产对国家、集体的作用和受传统土地公有制的影响，在观念上一味地固守城乡分工，坚持承包者自耕是国家给予其最优越的福利的观念，忽视了农村中出现的"弃农务工""弃耕经商"潮流的背后的观念变革和土地承包经营权流转渐成趋势，更没有意识到土地耕作者及土地流转商是一个新出现的社会问题。

4．没有注意到农民解决土地问题纠纷行为方式的特殊性，立法技术仍旧停留在事后补救上。在土地承包经营权流转纠纷解决的立法设计理念上，没有考虑到涉农纠纷的特殊性，没有把目光投向如何建立安全有序的流转机制，仍然把它作为普通的民事纠纷来看待，重视纠纷的事后解决，忽视事前预防。我国农民深受封建专制和传统习俗观念的影响，其法律认识水平和行为方式与现代法制社会的要求极不相称。在维权和解决争议时，不积极利用司法途径，而是过多地依赖乡规民约。

5．部分乡村干部思想僵化，不敢流转。当前，有一部分乡村干部不同程度地存在一些模糊认识，把农村土地承包关系的稳定与土地合理流转对立起来，总是担心会突破政策的界限。认为农村土地承包经营权流转会颠倒所有权和承包权的关系，承包权会取代所有权，会加剧承包权的膨胀，税费更难收，导致不敢大力宣传，不敢大胆创新，缩手缩脚，影响了土地流转的进程。

参考文献

[1]何闪闪.农村土地信托法律制度的构建[D].河北经贸大学硕士论文，2015.

[2]沈开举.中国土地制度改革研究[M].北京：法律出版社，2014.

[3]孙宪忠.推进农地三权分置经营模式的立法研究[J].中国社会科学，2016（7）：145-163.

[4]李忠夏.农村土地流转的合宪性分析[J].中国法学，2015（4）：123-141.

[5]徐洁，段建南，龚汗青.新土地制度改革政策下的农村土地问题初探[J].经济研究导刊，2014（13）：36-37.

[6]李丽.农村土地确权的重要意义、现状及对策研究[J].财会学习，2017（12）：197.

[7]吴贵森.农村土地使用权流转机制立法探索[J].西北农林科技大学学报（社会科学版），2015（2）：8-14.

[8]高宏伟，靳共元.农村土地使用制度：现状、问题与方向[J].河北经贸大学学报，2013，34（5）：76-78.

[9]凌斌.土地流转的中国模式：组织基础与运行机制[J].法学研究，2014（6）：80-98.

[10]蔡立东，姜楠.农地三权分置的法实现[J].中国社会科学，2017（5）：102-122.

[11]李军.城镇化过程中的农村土地问题研究[J].辽宁经济，2014（3）：16-17.

[12]何格.农村土地承包经营权流转个案研究[J].经济纵横，2016（5）：71-74.

[13]高冬.浅析当前农村土地现实问题及其产权问题解决路径[J].知识经济，2012（15）：49.

[14]严卿.新时期中国农村土地问题研究述评——基于农民权益的视角[J].武陵学刊，2012（1）：42-49.

[15]唐晶，聂涛.浅析中国农村土地利用中出现的问题及其对策[J].农村经济与科技，2012，23（7）：45-46.

[16]陈田田.农村土地信托法律机制研究[D].华东政法大学硕士论文，2016.

[17]杜志勇.农村土地三权分置法律问题研究[D].郑州大学硕士论文，2016.

[18]贺璞.农村土地确权问题研究[D].华中师范大学硕士论文，2016.

[19]熊飞雄.农地三权分置研究[D].湘潭大学硕士论文，2016.

[20]赵新潮.我国农村承包土地"三权分置"研究[D].河北经贸大学硕士论文，2016.

[21]梅琳.我国农村土地流转模式研究[D].福建师范大学博士论文，2011.

[22]宋新勇.我国农村土地信托制度研究[D].安徽大学硕士论文，2014.

[23]路旭，刘晓霞.新时期我国农村土地政策演变问题研究[J].金田，2015（2）.

[24]罗璇.内江市土地执法监察问题研究[D].四川农业大学硕士论文，2013.

[25]四川省内江市委改革办，内江市中区区委改革办.四川内江 土地退出"三换"模式[J].农村工作通讯，2016（22）：61.

[26]李源，刘后平.新农村综合体的要素整合和产业发展问题探讨——以内江市市中区尚腾新村为例[J].商场现代化，2014（12）：122-123.

[27]梁秀红.土地承包经营权信托制度研究[D].华中师范大学硕士论文，2014.

[28]李国强.论农地流转中"三权分置"的法律关系[J].法律科学-西北政法大学学报，2015，33（6）：179-188.

[29]刘祖云，陈明.从"土地冲突"到"土地风险"——中国农村土地问题研究的理论进路[J].中国土地科学，2012，26（8）：23-28.

[30]陈明.当前农村土地问题的社会风险研究[D].南京农业大学硕士论文，2011.

[31]邓川.内江市农村劳动力转移研究[D].四川农业大学硕士论文，2012.

[32]刘熙.内江市市中区农村宅基地自愿有偿退出问题探究[J].国土资源情报，2016（8）：54-56.

[33]禹四明.基于历史演变的农村土地制度改革刍探[J].农业考古，2015（6）：179-183.

[34]中华人民共和国国土资源部.中国国土资源统计年鉴2009[M].北京：地质出版社.2009：1.

[35]牛磊.中国农村土地制度的演变分析[D].中国地质大学（北京）硕士论文，2009.

[36]刘安.农村集体土地确权发证研究[D].云南大学硕士论文，2015.

[37]程鹏.农村土地确权问题研究[D].河北师范大学硕士论文，2015.

[38]程飞.不同农村土地流转模式绩效评价研究[D].西南大学硕士论文，2014.

[39]赵静.农村土地流转现状与影响因素分析[D].天津商业大学硕士论文，2015.

[40]王晨.湖北省农村土地流转模式研究[D].武汉轻工大学硕士论文，2014.